문맥
읽기의
짜릿함

문장과 문장,
글과 글,
책과 책
사이를 읽는 기술

문맥 읽기의 짜릿함

문장과 문장,
글과 글,
책과 책
사이를 읽는 기술

강병재 지음

서감도

머리말

1. 550ml 정도의 물을 끓인다.
2. 물이 팔팔 끓으면 면과 스프를 넣고 2분 정도 더 끓인다.

라면 끓이는 법이다. 다시 봐도 쉽다.

1. 짧은 바늘을 보고 '시'를 읽는다.
2. 긴 바늘을 보고 '분'을 읽는다.

시계 보는 법이다. 비교적 쉽다. 그렇다면 글을 읽는 법은?

1. _____
2. _____

이 질문을 받으면 말문이 쉬 막히고 만다. 라면 끓이는 법과 다르지 않아 보이는데 답변이 간단하지 않다. 글을 읽는 행위는 매우 단순한 일처럼 보이지만 그렇지 않기 때문이다. 숨쉬기를 생각해 보면 이해가 빠르다. 숨쉬기도 매우 단순해 보이지만 막상 설명하려면 숨을 못 쉴 정도로 숨이 막히기 때문이다.

하지만 난감하다고 설명을 생략해서는 안 될 것들이 있다. 그 난감한 일이 누군가에겐 매우 중요한 일이 될 수도 있기 때문이다. 읽기도 그 중의 하나다. 자세한 이야기는 책 속에서 천천히 하고 여기서는 간단하게 살펴본다.

다음 글을 읽어 보자.

바람이 분다.

어떻게 읽었는가? 라면을 끓이는 법처럼 구체적으로 설명할 수 있는가? 아마도 쉽지 않을 것이다. 그냥 읽히기 때문이다. 보는 순간 읽히기 때문이다. 읽기에 관해서는 우리도 달인과 비슷하다. 달인처럼 반복되는 과정을 생략해서 일 처리를 빠르게 한 것이다. 우리는 그렇게 읽기의 과정을 생략했다. 그래서 읽는 일은 설명하기 힘든 일이 되었다. 생략할 곳은 모두 생략해서 설명해야 할 부분을 잊어버렸기 때문이다.

게다가 살면서 읽기를 설명해야만 하는 상황은 오지 않았다. 읽기를 설명하지 않아도 척척 읽기 때문이다. 그래서 읽기를 설명해야 할 필요가 사라졌다. 그러던 것이 국어 시험 때문에 읽기의 중요성이 다시 등장했다. 그러나 여전히 읽는 일의 설명을 들을 기회는 오지 않았다. 국어 시험에 나오는 읽기는 어떻게 읽는지 묻지 않았기 때문이다.

아마도 그렇게 읽기에 대한 구체적인 설명을 들어 볼 기회를 놓친 것이 아닌가 싶다. 그래도 삶에서 불편을 느끼지 않는다면 아무 문제 될 것이 없다. 숨을 어떻게 쉬는지 설명할 수 없지만 숨 쉬고 산다면 아무 문제 될 것 없지 않은가! 문학 작품이 특히 그렇다. 그것은 감상이 목적이기 때문이다. 하지만 문학 작품이 아닌 글들은 그렇지 않다. 글을 읽지 못해 공부하지 못할 수도 있고, 글을 잘못 읽어 생명의 위협을 느낄 수도 있다. 게다가 쉬 익혀지지도 않는다. 글은 그저 눈으로 글자를 소리 내어 읽기만 해서는 알 수 없기 때문이다. 결론부터 말한다면 글은 제목부터 마지막 문장까지 8단계의 읽기 과정을 거쳐야 하는 어려운 일이다. 다음은 글을 읽는 8단계의 과정이다.

1. 제목 읽기
2. 한 문장 읽기

3. 두 문장 읽기
4. 한 문단 읽기
5. 두 문단 읽기
6. 한 단락 읽기
7. 두 단락 읽기
8. 글 한 편 읽기

   이 과정은 구분 동작 같은 것이다. 너무도 익숙해서 잊어버린 읽기의 기본 동작이다. 읽기는 이 8단계를 모두 잘 해내야 한다. 한 문장을 읽고 다음 문장을 읽고, 다음 문장을 읽고, 그렇게 한 문단을 읽어 내고, 또 그렇게 한 단락을 읽어 내고, 또 그렇게 한 편의 글을 읽어 내는 그 과정을 빼고 온전히 글을 읽어 낼 수 없기 때문이다.
   깊이 읽어 글의 의미를 온전하게 읽어 내는 것이 읽기의 본질이다. 깊이 읽기는 사막을 건너기 위해 꼭 필요한 물처럼 삶에 꼭 필요한 그 무엇이다. 깊이 읽기 없이는 삶의 구석구석을 제대로 읽어 낼 수 없다.
   첨단 과학의 시대다. 이젠 그저 많이 읽어서 온전히 읽어 내라고 해선 곤란하다. 이 책을 참고하고 거기에 저마다의 조그만 노력을 더 보탠다면 누구라도 깊이 읽기의 세계로 들어갈 수 있다. 아무쪼록 쉽게 익혀 생활에 보탬이 되기를 바란다.

차례

머리말 4
글꽃 12

문장

1장
문장은 대상(무엇)과 정보(~다)로 되어 있다

문장의 정의 19
기본 문장 20
대상과 정보 21
기본 문장1 – 무엇이 무엇이다 22
기본 문장2 – 무엇이 어찌한다 23
기본 문장3 – 무엇이 어떠하다 24
길어지는 문장1 24
길어지는 문장2 27
올바른 문장, 올바르지 못한 문장 31

문장

2장
대상 – 무엇을 찾아라

'무엇'은 말하고 싶은 대상이다　36
글의 무엇, 문장의 무엇　38
증명사진처럼 분명한 무엇　39
샹들리에처럼 화려한 무엇　42
수줍어 엄마 뒤에 숨은 아이 같은 무엇　45
가면 뒤에 가려진 무엇　48
젓가락처럼 짝을 이루는 무엇　50
너무 많아 찾기 힘든 무엇　51
무엇을 알려주는 표지　54
다른 표지들　56
무엇의 자격　58

3장
정보 – '무엇이다, 어찌한다, 어떠하다'를 찾아라

'~다'는 대상의 정보다　66
환언 정보를 담은 – 무엇이다　67
움직임 정보를 담은 – 어찌한다　68
상태 정보를 담은 – 어떠하다　70
정보는 대상의 많은 정보 중의 하나다　71
'~다'의 모양은 변화무쌍하다　78
'~다'도 생략이 가능하다　83
'~다'에 글을 읽는 사람에 대한 태도가 숨어있다　85
아무리 길어도 문장이다　87
문장의 의미　93

글

4장
줄글을 읽는 여정

- 글의 종류 98
- 읽기의 과정 99
- 줄글의 모양 101
- 줄글 읽기1 – 제목 읽기 103
- 줄글 읽기2 – 한 문장 읽기 108
- 줄글 읽기3 – 두 문장 읽기 110
- 줄글 읽기4 – 한 문단 읽기 120
- 줄글 읽기5 – 두 문단 읽기 124
- 줄글 읽기6 – 한 단락 읽기 127
- 줄글 읽기7 – 두 단락 읽기 131
- 줄글 읽기8 – 글 한 편 읽기 132

5장
양식이 있는 글, 문서

- 양식과 항목 140
- 줄글은 이해, 문서는 검색 142
- 문서 읽기의 어려움 144
- 다양한 문서들 147
- 문서 읽기 – 제목부터 마지막 항목까지 153

6장
직관적인 글, 그림·표·그래프

- 그림의 진화, 표와 그래프 159
- 표와 그래프, 그리고 수리 161
- 그림 읽기 166
- 표 읽기 167
- 그래프 읽기 174

책

7장
제대로 책을 읽으려면

책읽기의 시작　185
책읽기에 필요한 문해 능력　189
독서법　195
상향식 읽기, 하향식 읽기　200
책읽기와 자기주도학습　204
책읽기의 덤, 합격　205

8장
책은 아무리 두꺼워도 한 문장으로 모인다

제목 읽기　210
글 한 편 읽기　212
글 두 편 읽기　215
책 한 권 읽기　217
책 두 권 읽기　219

글꽃

마을버스 정류장 앞
꽃이 보인다.
누굴까.

고개 드니
꽃물이 들었다, 산에

그렇게 잠시

꽃은 잊혀지고
다시, 버스는

언제 오려나.

그 꽃 옆에
책 한 권

여기 글꽃도 보고 가세요

아름다운 사람은
책을 글꽃이라 부르는 모양이다.

어쩌다 꽃을 보면 꽃처럼 아름다운 것들이 또 있나 찾아본다. 요리의 꽃은? 올해의 옷꽃은? 집꽃은? 이런 식이다. 그러다 정말 꽃이라고 이름을 붙여 주어도 손색이 없을 것을 찾게 되었다. 바로 글꽃이다. 물리학자 스티븐 호킹 박사는 책을 신체적인 유전자(DNA)가 아니라 인류 전체의 문화를 다음 세대에 이어 주는 정신적 유전자라고 했다. 인류 역사의 꽃이라 할 만하지 않은가.

한글은 세계에서 읽고 쓰기가 가장 쉬운 글자라고 한다. 글꽃 중의 글꽃인 셈이다. 한글 덕분에 글을 모르는 한국인은 거의 없을 것이다. 하지만 행운은 거기까지다. 글꽃을 보려면 깊이 읽어야 한다.

그래서 생각해 본다. 한글처럼 쉬운 글자가 아니라 한글처럼 쉬운 글은 없을까? 더 생각해서 무엇 하랴. 그렇게 된다면야 더없이 좋겠지만 그 전에 글공부를 해야 한다. 글이 어떻게 생겼고, 어떤 일을 하는지. 그래서 결국 글이 무엇인지, 그리고 어떻게 읽어야 하는지. 그런 것을 배워야 한다. 문장이 무엇인지, 어떻게 읽어야 하는지, 그 뜻은 무엇인지. 문맥이 무엇인지, 문맥을 어떻게 읽어야 하는지. 글을 왜 썼는지, 하고 싶은 말은 무엇인지, 그것을 어떻게 알아야 하는지.

문장

1장
**문장은
대상(무엇)과
정보(~다)로
되어 있다**

?

;

,

문장으로 지은 집. 글을 이해하기 좋은 비유다. 그러므로 좋은 글은 좋은 문장이 기본이다. 그런데 우리는 문장을 가볍게 본다.

다음 중 올바른 문장은?

국어 시험에 한 번씩 나오곤 했던 질문이다. 이 물음에 자신 있는 사람은 아마도 드물 것이다. 도대체 어디가 잘못되었는지 아무리 봐도 알 수 없는 문장들. 그러나 문장의 불편은 그때뿐이다. 일상에서 글을 읽을 때는 올바른 문장이 아니어도 특별히 불편이 없다. 그러니 일상에선 올바른 문장이 아니어도 굳이 올바른 문장을 만드느라, 올바르게 읽느라 애쓸 필요가 없다. 한 마디로 문장을 공부할 필요가 없었다.

그런데 일상에서 종종 학교 시험보다 더 어려운 시험을 보게 된다. 읽었는데 무슨 뜻인지 모르는 상황에 빠졌을 때다. 열 번을 읽어도 신기하게 그 뜻을 알 수 없는 문장이 있다. 오자도 탈자도 없다. 그런데 뜻은 알 수 없다. 그때 우리의 선택은 시원시원하다. 그냥 넘어가자. 그것이 우리가 올바르지 않은 문장에 대한 자세다. 다시 봐도 쉽다. 그깟 한 문장쯤 모르면 어떠랴. 그런데 그런 문장이 계속 이어진다면 그럴 수 없다. 일상에서 그런 일은 드물지만 공부할 땐 그런 일이 일상이다.

그래도 문장 읽기가 중요하다는 것을 쉬 알아차리지 못한다. 여전히 특별히 불편하지 않기 때문이다. 그저 옆에 있는 사람에게 물어보거나 그것도 여의치 않으면 평소 그랬던 것처럼 그저 그냥 넘어가면 그뿐이다. 그러다 공공 기관에서 보내온 중요한 우편물을 읽어야 할 때가 되어서야 문장 공부의 중요성을 알게 된다. 중요한 내용을 담은 문장이 있는데 그 의미를 정확하게 알 수 없기 때문이다. 학교에서 가정으로 가정통신문을 보내면 무슨 내용인지 확인하는 전화가 꽤 온다고 한다. 문장 읽기를 어려워한다는 것을 알 수 있는 장면이다. 공부할 때 글의 내용이 이해가 되지 않은 경험을 한 번쯤은 했을 것인데 그때도 문장 공부의 중요성을 느낄 것이다. 실제로 시간을 내어 공부를 더 열심히 해야 한다고 생각하는 사람이 많다.

그러나 아시다시피 그때뿐이다. 문장 공부할 시간도 방법도 마땅치 않기 때문이다. 그런데 기름때를 빼는 세탁법 같은 생활의 지혜를 보면 정말 간단한 것들이 많다. 그야말로 한 번만 보면 그만인 것이지만 만족스런 효과를 낸다. 문장 공부는 그것보다는 간단하지 않지만 최소 몇 개월에 걸친 직업 기술을 익히는 정도는 아니다. 틈틈이 생활의 지혜에 관심을 갖는 정도의 관심이면 충분하다.

이 장에서는 생활의 지혜 같은 정도의 간단하면서도 효과 좋은 문장 공부를 하려고 한다. 문장 공부를 시작하기 전에 먼저 우리가 문장 공부를 통해 도달하려는 지점이 어디인지 확인해 보자.

무슨 뜻인지 알 수 없어 갸우뚱거려지는 문장을 보았다면, 거의 어김없이 그 문장은 올바른 문장이 아니다. 이미 잊어버린 학교 문법으로 따지지 않더라도 어딘가 의미가 이상하다면, 무엇이 어떻게 이상한지 눈에 들어오지 않지만 어색하다면, 그 문장의 뜻을 이해하지 못했다는 것이다. 그리고 그것은 그 문장이 올바르지 않다는 증거다.

그런 문장을 보고, '아, 내가 무지해서 뜻을 이해하지 못하는구나, 다시 읽어 보자, 그렇게 백 번, 천 번, 만 번 다시 읽어 보자.', 시험 준비 때문에 읽는 사람이라면, '와, 내 머리가 정말 나쁘구나, 시험은 포기하고 다른 일을 해야겠구나.' 그런 생각은 하지 않았으면 좋겠다. 그렇게 이해하기 어려운 것이 단지 올바른 문장이 아니었던 것일 수 있기 때문이다. 올바른 문장이 아니면 쉬 문장의 뜻을 알 수 없는 것이 당연한 것 아닌가! 그러므로 그저 올바르지 못한 문장을 만났다면, 올바른 문장으로 고쳐 읽으면 된다. 빠른 시간에 이해하고, 기억을 잘 하는 것은 덤이다.

이제 본격적으로 문장 스케치부터 시작해 보자. 잘 몰라도 전체 윤곽을 살피는 것이 두려움을 없애는 방법이기도 하다. 분위기 파악도 두려움을 없애기 위한 무의식적 행동이라고 하는데 말이든 글이든 일단 전체적으로 하고 싶은 말이 무엇인지 파악하려는 것이 중요하다. 어찌 보면 주제 파악은 본능인 셈이다. 이미 학교에서 다루었던 내용이기도 해서 부담은 없을 것이다.

문장의 정의

문장 : 생각이나 감정을 표현할 때 완결된 내용을 나타내는 최소 단위
(낱말의 뜻은 국립국어원 표준국어대사전에서 찾음, 이하 같음)

뭔가 전달하려는 의미가 있어야 하는 것이 문장이 되기 위한 최소한의 구성 요소다. 의미가 없는 것은 문장이 아니다. 의미는 내용상의 구성 요소이고 형식적으로는 마침표로 구별한다. 온점(.), 물음표(?), 느낌표(!)가 마침표다. (온점은 마침표라 불려 이제 마침표라는 이름도 얻었다.)

사랑은 주는 것이다.

이것은 문장이다. 의미가 있고, 마침표가 있기 때문이다.

사랑은 주는

이것은 문장이 아니다. 의미가 분명하지 않고 마침표도 없기 때문이다.

사랑은 주는 것이.

이것은 형식상 문장이다. 즉 올바른 문장이 아니다. 의미가 분명하지 않기 때문이다. 이런 것이 문제의 문장이다. 이런 문장을 만나면 최대한 고쳐 쓰고 도저히 고쳐 쓸 수 없다면 버려야 한다.

기본 문장

의자는 앉을 수 있는 도구이므로 의자라면 앉을 곳이 있어야 한다. 그것이 의자의 기본이다. 마찬가지로 문장은 어떤 대상과 그 대상의 정보를 담고 있어야 한다. 학교 문법에서 주어(대상)와 서술어(정보)라고 부르는 것이다. 그것이 문장의 기본이다. 그렇게 문장의 기본을 갖춘 것 중에서 확장 가능성이 있는 문장을 기본 문장이라고 한다. 기본 문장이라는 용어는 학교 문법에서 사용하는 단어는 아니지만 중요한 문제는 아니므로 그냥 사용하기로 하자. 결론부터 말하자면 우리말의 기본 문장은 세 개다. 무엇이 무엇이다, 무엇이 어찌한다, 무엇이 어떠하다 등이다. 정보가 달라서 세 개가 된 것뿐이지 문장의 기본이 달라서가 아니다. 다 알고 있는 내용이다. 그것이 무엇이었는지 다시 한 번 보는 시간이 될 것이다.

대상과 정보

약간은 복잡한 문장 성분 이야기를 하려고 한다. 문장 성분은 말 그대로 문장을 이루는[성] 것[분]이다. 문장이 되기 위해 꼭 필요한 것을 필수 성분이라고 한다.

문장 성분은 서술의 주체를 나타내는 주어, 문장 주체의 동작이나 상태를 나타내는 서술어, 서술어의 행위나 상태의 대상을 나타내는 목적어, 특수 서술어인 '되다', '아니다'의 함께 짝을 이루어야 하는 보어 등 네 가지가 있다. 이 중에서 목적어와 보어는 서술어에 따라 필요한 것이다. 그러므로 네 가지 중에서 더 필수적인 것으로 좁히면 주어와 서술어가 된다. 즉 모든 문장은 주어와 서술어가 없으면 문장이 될 수 없다.

주어, 서술어, 필수 성분 같은 단어는 일상의 용어가 아니다. 그런 이유로 좀 더 편안한 단어를 찾아보았다. 우리는 궁금한 걸 알고 싶어 읽는다. 그 궁금한 것이 대상이다. 그 궁금한 것이 담고 있는 내용이 정보다. 흔히 글을 읽는 이유가 정보 수집에 있다는 말을 하는데 그때의 정보다. 정리하면 무엇에 대해 무엇이라고 하는가, 이것이 문장의 기본 구성 요소가 된다. 그래서 문장의 기본 구성 요소 중에서 '무엇에 대한 것'을 대상, '무엇이라고 하는가?'를 정보라 부르면 좋을 것이다. 주어, 서술어가 이론적인 용어라면 대상, 정보는 현실적인 용어라 좀 편안해지기 때문이다.

기본 문장1 – 무엇이 무엇이다

나는 가수다.

이 문장은 기본형이 '무엇이 무엇이다'로, 어떤 것을 설명할 때 사용한다. 중요해서 바로 말하자면 이 문장은 무엇에 대해 완벽하게 표현할 수 없다. 예를 들어, 나는 현실에서 회사원이기도 하고, 남자이기도 하고, 가수이기도 하다. 그러나 문장은 보통 한 가지 뜻을 표현한다. 나는 가수다, 이렇게 한 가지만 표현한다. 그렇다고 '나'가 회사원이기도 하고, 남자이기도 한 것이 사라지는 것은 아니다. 결국 어떻게 쓰든 무엇에 대한 정보 중에서 어느 한 가지만 설명한다. 무엇에 대한 부분적인 설명을 담을 수밖에 없게 되는 것이다.

이것이 이 문장의 숙명이다. 그래서 문장은 계속해서 정보가 추가될 수밖에 없는 숙명도 있다. 인류의 삶이 끝나지 않는 한, 무엇에 대한 정보는 계속해서 밝혀지기 때문이다. 결국 무엇을 완벽하게 알 수는 없다. 언젠가 또 새로운 사실이 밝혀질 것이기에.

기본 문장2 – 무엇이 어찌한다

나는 걷는다.

이 문장은 기본형이 '무엇이 어찌한다'로 무엇의 움직임 정보를 표현할 때 사용한다. 보통 동사라는 움직임을 표현하는 단어를 사용한다. 하루를 돌이켜 보라. 움직임을 빼고는 하루의 표현이 가능하지 않을 것이다. 일어나고, 씻고, 먹고, 자고, 걷고. 그런데 이 문장 역시 앞 기본 문장과 같은 운명이 있다. 무엇의 움직임을 모두 담을 수 없다는 것이다. 걷고 있다고 숨을 쉬지 않는 것은 아니다. 걷고 있으면 말을 할 수 없어 말을 하지 않는 것도 아니다. 눈으로는 지나가는 구름을 볼 수도 있다. 그런 움직임을 모두 담지는 못한다, 어느 뛰어난 문장가라도. 결국 무엇의 움직임 중에서 어느 하나를 담는다.

기본 문장3 – 무엇이 어떠하다

나는 행복하다.

이 문장은 기본형이 '무엇이 어찌하다'로 무엇의 모양·상태 정보를 담고 있다. 보통 형용사라고 부르는 낱말로 표현된다. 무엇의 움직임과 함께 꽤 중요한 이야기가 무엇의 상태 정보다. 무엇이 큰 것인지, 작은 것인지, 무거운 것인지, 가벼운 것인지 등 무엇에 대한 상태에 따라 해야 할 일이 달라진다. 이 기본 문장 역시 무엇의 상태 모두를 담을 수 없다. 하나 혹은 둘, 결국 부분 정보만 담을 수 있다.

길어지는 문장1

기본은 말 그대로 기본이다. 갖추어야 할 것이 최소한으로 있는 것이다. 거기에 얼마든지 다양함과 화려함을 더할 수 있다. 그 확장은 무한에 가깝다. 문장도 그렇다. 하지만 문장은 모양이 확장되지 않아도 이미 그 내용이 무한에 가까워서 그런지, 모양의 확장은 거의 없다. 내용이 무한한데 모양까지 무한하면 사용하기 힘드니 더 이상 확장하지 않은 모양이다. 기본 문장의 확장이 복잡한 것처럼 보이지만 사실은 전혀 그렇지 않다. 모자를 쓰고 지팡이를 든 정도다. 목적은 간단하다. 대상과 정보를 좀 더 잘 표현하려는 것이다.

가. 무엇이 무엇이다

어떤 무엇이 무엇이다.
무엇이 어떤 무엇이다.
어떤 무엇이 어떤 무엇이다.

이 확장 문장은 기본 문장에서 앞과 뒤의 무엇을 꾸며 주는 '어떤'이 들어가는 형태다. 이 '어떤'은 무엇의 구체적인 정보를 제공한다. 하지만 보조 정보다. 무엇의 정보인데 이 문장에서 주된 정보는 아닌 것을 말한다. 어떤 경우는 보조 정보가 더 중요해 보이기도 한다. 하지만 여전히 주 정보는 당연히 뒤에 있는 무엇이다가 된다.

나. 무엇이 어찌한다

어떤 무엇이 어찌한다.
무엇이 어떻게 어찌한다.
어떤 무엇이 어떻게 어찌한다.

이 확장 문장은 기본 문장에서 앞의 무엇을 꾸며 주는 보조 정보와, '어찌한다'를 꾸며 주는 보조 정보인 '어떻게'가 들어간 형태다. 앞의 기본 문장과 같은 구조다.

다. 무엇이 어떠하다

어떤 무엇이 어떠하다.
무엇이 어떻게 어떠하다.
어떤 무엇이 어떻게 어떠하다.

이 확장 문장도 기본 문장에서 앞의 무엇을 꾸며 주는 보조 정보와, '어떠하다'를 꾸며 주는 보조 정보인 '어떻게'가 들어간 형태다. 역시 앞의 기본 문장과 같은 구조다.

이렇게 해서 3가지 기본 문장에서 12가지 문장으로 확장되었다. 확장이라고 하기엔 간지러울 정도로 특별한 점은 없다. 대상·정보에 보조 정보가 추가된 형태다. 진짜 확장은 대상·정보가 생략되거나, 대상·정보를 나타내는 조사, 어미들이 변화하거나, 보조 정보에 보조 정보가 더 붙어서 주 정보가 무엇인지 알 수 없을 만큼 문장의 정보가 많아지는 형태다.

길어지는 문장2

확장2는 한 마디로 문장 꾸러미다. 문장 안에 문장을 2개 이상 담은 문장이다. 2개 이상이라고 했지만 실제로는 2개가 가장 많다. 앞의 기본 문장과 확장 문장1처럼 대상과 정보가 1개인 문장을 홑문장이라고 하고, 확장 문장2처럼 대상과 정보가 2개 이상인 문장을 겹문장이라고 한다.

가. 홑문장

나는 마라톤 선수다.

문장 1개에 대상, 정보가 1개씩 있다. 그래서 의미도 1개다. 1개를 이르는 우리말 '홑'을 써서 더 맘에 드는 이름이다. 홑문장. 문장 하나에 의미가 1개만 있어 이해하기가 쉽다.

나. 겹문장

겹문장에는 절이라는 것이 있다. 절은 마침표가 없어서 문장이라고 할 수 없지만 그것만 빼고는 문장이라고 불러도 될 만하다. 겹문장은 이 절이 2개 이상으로 구성되어 있다. 이렇게 절이 2개 이상인 문장을 겹문장이라고 한다. 사물이 포개져 있거나 비슷한 일이 거듭된다는 뜻의 '겹'이란 접두사를 써서 겹문장이라고 부른다. 이어진 겹문장과 안은 겹문장, 그렇게 2가지 종류가 있다.

  1) 이어진 겹문장 : 대등하게 이어진 겹문장

나는 마라톤 선수고, 그는 경보 선수다.

대등하게 이어진 겹문장은 문장 안의 두 절이 대등하게 이어져 있는 문장을 말한다. 대등하다는 것은 '감과 밤'이란 말이 있을 때 감과 밤처럼 두 대상이 문법적으로 동등하다는 것을 말한다.

  2) 이어진 겹문장 : 종속적으로 이어진 겹문장

인생은 길어서 마라톤처럼 길게 보아야 한다.

종속적으로 이어진 겹문장은 앞 절이 뒷 절에 따르는 문장이다. 종속은 따로 있을 수 없다는 의미다. '인생은 길어서' 이것만으로는 의미가 없기 때문에 문장이지만 문장 역할을 할 수 없다.

3) 안은 겹문장

나는 우리나라에서 가장 나이가 많은 마라톤 선수다.

안은 겹문장은 바깥 절이 안에 절을 안고 있는 겹문장을 말한다. 이 문장 안에는 '나는 나이가 많다'는 절이 들어 있다. 이 절은 마라톤 선수를 풀이해 주는 보조 정보를 제공하는 역할을 하고 있다. 이 문장 역시 문장 안에 절이 1개, 밖에 절이 1개로 겹문장이다. 밖에 있는 절이 안에 있는 절을 안은 모습이므로 안은 겹문장이라고 부른다. 외로울 땐 안기고 싶은데 안겨 있으니 따뜻하다. 안긴 형태는 여러 가지인데 그것까지 하나씩 살펴보면 구분하기 싫어지니 이만 줄인다.

여기까지는 학교 문법에서 기본으로 나오는 문장 이야기다. 이 문장은 홑문장인가, 겹문장인가? 이에 답하는 것이 이 홑문장, 겹문장 이야기의 목적인 양 하기 때문이다.

그런데 왠지 아쉬움이 든다. 이 문장이 홑문장인가, 겹문장인가? 이 질문과 이 질문에 대한 정확한 답이 중요한 것이 아니기 때문이다. 홑문장과 겹문장은 왜 구분하는가? 그것은 문장의 의미가 1개인가, 2개인가? 그에 대한 판단 때문이다. 홑문장은 의미가 1개다. 겹문장이라면 당연히 의미는 2개다. 홑문장을 겹문장으로 보거나,

겹문장을 홑문장으로 본다면, 그 문장의 의미를 제대로 읽어 내지 못하게 되는 것이다. 그것이 중요하다. 문장을 읽는 목적은 의미를 읽기 위한 것 아닌가. 결국 홑문장인지 겹문장인지 구별하는 것은 중요하지 않다. 중요한 것은 의미가 몇 개 있는지 보아야 한다는 것이다. 홑문장은 의미가 1개, 겹문장은 2개 이상이다. 그것이 홑문장과 겹문장을 구분할 수 있는 가치이다.

   이상으로 문장을 살펴보았다. 이제 결론이다. 문장의 가장 중요한 쓰임새는 의미의 전달이다. 그러므로 전달하고 싶은 것을 쉽고 정확하게 담고 있는 문장은 좋은 문장이다. 이른바 올바른 문장이다. 그런 좋은 문장을 보면, 문법적인 오류나 사용에 어색함이 없다. 반대로 어딘지 모르게 어색하거나, 뜻이 모호하거나 알 수 없는 문장은 반드시 어딘가 잘못된 부분이 있는 문장이다. 우리가 보는 문장들이 모두 올바른 문장은 아니다. 문제는 올바르지 않은 문장을 만들고 싶어 만드는 것이 아니라는 것이다. 올바른 문장을 쓰기 어려워서 그런 것이다. 누군가 올바르지 않은 문장은 절대 쓰지 않는다고 한다면, 아마도 빈 소리가 될 가능성이 높다. 누구든 장담하기 어렵다. 아마도 이 글에도 올바르지 않은 문장이 있을 것이다. 세상이 좋아졌으니 올바르지 않은 문장을 자동으로 고쳐 주는 프로그램 하나쯤 있어도 될 것 같다. 어쨌든 그 프로그램 이전에는 공부뿐이다.

올바른 문장, 올바르지 못한 문장

이제 올바른 문장과 올바르지 못한 문장을 찾아보자.

어제는 몸이 아프니까 학교에 가지 않았다.
어제는 몸이 아파서 학교에 가지 않았다.

두 문장은 큰 차이가 없어 보인다. 어쨌든 학교에 가지 않았다는 것이기 때문이다. 약간의 차이는 무시해도 될 것 같다. 그런데 어색함이 자꾸 눈을 붙잡는다. 첫 번째 문장의 '몸이 아프니까'. 그렇다면 병원에 가든, 약을 먹든 해야 할 것 같다. 그런데 학교에 가지 않았다고 하니 무슨 일인가 싶다. 그래서 다른 뜻이 있나 싶어 다시 읽어 본다. 그러나 별 다른 건 발견하지 못한다. 그렇게 갸우뚱했다가 그저 학교에 가지 않았다고 받아들이고 다음 문장으로 넘어간다. 그 수밖에 더 있나. 반면 두 번째 문장의 '몸이 아파서'. 그렇다면 아프기 때문에 할 수 있는 일을 해야 할 것 같다. 그런데 학교에 가지 않았다고 하니 자연스럽다. 그렇게 의미 파악을 한다. 그러면 끝이다. 다시 문장을 볼 필요가 없다. 문장도 제 역할을 다해서 아쉬움도 없다. 올바른 문장과 올바르지 않은 문장의 차이는 발견하기 어려울 정도로 사소한 것일 수 있다. 그러나 의미 파악에 도착하면 차이가 크다. 하나는 제대로 도착한 것이고, 다른 하나는 여기가 어딘가 어리둥절할 것이다. 아마도 다시 읽게 될 것이다.

재미있는 문장을 하나 더 들어 본다.

한가위, 떠오를 달을 보며 소원을 빌었다.
한가위, 떠오른 달을 보며 소원을 빌었다.

첫 번째 문장은 어색하다. 떠오르지도 않았는데 달을 보며 소원을 빌기 때문이다. 어떻게 달을 보았다는 것일까? 다행히 우리는 그 정도의 비문은 쉽게 찾는다. 달을 보며 소원을 빌었다고 했으니 떠오른 달을 본 것이지 어떻게 떠오르지도 않은 달을 보았을까. 잘못 쓴 것이라고 생각하고 그렇게 잘못된 부분을 스스로 고쳐 읽고 뜻을 이해하면 된다. 두 번째 문장을 보니 막혔던 숨이 트이는 느낌이다. 하지만 잘못된 부분이 단순하지 않으면 이해가 어렵다. 예를 보자.

과학적인 인간관과 인식론에 있어서는 인간과 인식에 관한 유일한 가정처럼 받아들여지는 데에서 우려를 낳고 있다.

무슨 의미일까? 올바르지 않은 문장이 거의 모두 그렇듯이 대략 그 의미를 느낄 수는 있다. 무슨 문제가 있군. 그리고 뭔가 복잡하군. 그렇지만 '나는 학생이다'처럼 명백하지 않아서 다음 문장으로 넘어가기 힘들다. 그래도 계속 이해해 보려고 노력하면 의미가 드러난다. 과학적인 인간관과 인식론이 인간과 인식을 바라보는 유일한 관점으로 받아들여지는 것이 우려된다는 의미를 표현한 것으로 보인다.

이제 이야기를 정리하자. 문장은 의미를 전달하는 것이 가장 중요한데, 잘 전달하려면 올바른 문장이어야 한다는 얘기였다. 그러나 우리는 주변에서 올바르지 않은 문장을 많이 보게 된다. 올바르지 않아 문장을 이해하지 못하면 다음 문장을 읽기 어렵게 된다. 그렇게 되면 결국 책을 잘 읽어 내지 못하게 된다. 그러므로 올바르지 않은 문장을 보게 되더라도 그 문장의 의미를 이해할 수 있는 안목을 길러야 할 필요가 있다. 이것이 문장 공부를 해야 할 이유다. 그 핵심은 올바르지 않은 문장을 올바른 문장으로 고쳐서 읽을 수 있는 능력이다. 만약 그게 된다면 문장 공부는 더 할 필요가 없을 정도로 충분하다.

문장

2장
대상 –
무엇을 찾아라

'무엇'은 말하고 싶은 대상이다

우리는 문장을 통해 2가지 정보를 전달한다. 하나는 문장에 드러난 사실 정보, 다른 하나는 문장에는 드러나지 않은, 읽는 사람을 향한 글쓴이의 마음 정보. 그런데 우리는 사실 정보보다는 마음 정보에 민감해서 사실 정보보다 마음 정보를 먼저 읽는다.

나는 소설을 쓰고 싶었다.

이 문장은 표면에 소설을 쓰고 싶었다는 사실 정보를 담고 있지만, 소설을 쓰지 못해 아쉽거나 후회한다는 마음 정보도 담고 있다. 그리고 우리는 이 문장에서 소설을 쓰고 싶었다는 사실 정보는 사실 정보로 받아들이고, 그 정보를 바탕으로 이 사람이 아쉽거나 후회하고 있다는 마음 정보를 더 중요하게 받아들인다. 그래서 이 문장의 정보는 마음이 우선이고, 다음이 사실이다. 만약 마음 정보를 강하게 느끼면, 그 정보의 대상은 잊기도 한다. 그게 누구였더라? 정보의 대상은 누구였는지 확인할 필요가 생겼을 때나 찾아보는 정도로 가벼워진다. 그래서 우리는 종종 그것이 무엇에 대한 이야기였는지 잊는다. 문장을 하나 더 보자.

나는 시인 백석을 좋아한다.

이 문장을 읽은 사람은 시인 백석이 좋아하는 것을 보니 멋을 아는 사람이구나, 이 마음 정보를 먼저 받아들인다. 그리고 그 사람이 누구인지 확인할 필요가 있어야 비로소 그 사람이 누구인지 확인한다. 그러나 이 문장은 '나'의 이야기다. '나'의 정보를 담은 문장이다. '나'는 정보보다 비중이 결코 낮지 않다. 그러나 우리의 성향이 마음 정보에 민감한 것을 어쩌랴. 그래서 관심 받지 못하는 무엇임을 어쩌랴. 무엇을 찾기 전에 무엇을 변호해 보았다. 이제 무엇에도 관심을 좀 달라는 의미였다. 간단한 문장에서 무엇이야 관심 밖으로 밀려날 수 있다. 하지만 그런 습관 때문에 정작 중요한 문장에서도 관심 밖인 경우가 많다. 글을 쓰는 사람 역시 마찬가지여서 우리말에서 무엇은 생각보다 눈에 띄지 않는다. 늘 그 자리를 지켜 주었던 사랑하는 사람 같다. 다음 문장을 보자. 그리고 무엇의 고마움을 느껴 보자.

따뜻하고, 따뜻하고, 따뜻하다.

무엇이?

글의 무엇, 문장의 무엇

문장을 읽는다면 가장 먼저 할 일은 무엇을 찾는 것이다. 문장은 무엇에 대한 이야기이니 무엇을 먼저 찾아야 하는 것은 당연한 일이다. 이제 한 가지만 더 살펴보고, 본격적으로 무엇을 공부해 보자.

먼저 글의 무엇에 대한 이야기다. 문장뿐만 아니라 글도 반드시 무엇이 있다는 이야기다. 홍길동전은 홍길동에 대한 이야기다. 전우치전은 전우치에 대한 이야기이고, 세종대왕전은 세종대왕에 대한 이야기다. 전기문만 그런 것이 아니다. '토끼와 거북이'는 토끼와 거북이에 대한 이야기다. 순수하고 아름다운 사랑 이야기를 담은 '소나기'는 소년과 소녀의 이야기다. 더 이상 예를 드는 것은 의미가 없을 것이다. 어떤 글이든 반드시 그 대상이 있어야 한다는 것이다. 꼭 사람만은 아니다. '라이언 킹'에 나오는 사자일 수도 있고, 로봇일 수도 있고, 물고기일 수도 있다. 또 살아있는 것이 아닐 수도 있다. 사과에 대해 쓴 글일 수도 있고, 사랑, 비, 지구, 태양, 흙 등 어떤 것도 가능하다. 심지어는 상상한 것에 대해서도 쓸 수 있으므로 사실상 글의 대상이 될 수 없는 것은 없다. 한 마디로 자유롭다. 그래서 무엇이 참으로 적절하다. 다시 정리하면, 글을 읽는다면 반드시 그 글에서 다루고 있는 것, 그 대상을 먼저 읽어야 한다는 것이다. 무엇에 대한 문장인지 빨리 알면 알수록 읽기가 좋다. 분위기 파악이 빨라지기 때문이다. 분위기 파악은 생존 본능 중의 하나고 읽기의 분위기 파악은 무엇에 대한 문장인지 그 대상을 찾는 일이다.

두 번째 이야기는 무엇을 찾는 일은 글에만 해당하는 것이 아니라 문장에도 해당된다. 즉 모든 문장은 무엇에 대한 이야기를 담고 있다는 것이다. 여기에는 단 1개의 문장에도 예외가 없다. 단 1개도. 모든 문장은 반드시 무엇을 담고 있어야 한다. 왜냐하면 무엇이 없이는 문장이 되지 못하기 때문이다. 다행히도 우리말의 기본 문장은 세 개다. 무엇이 무엇이다, 무엇이 어찌한다, 무엇이 어떠하다. 그러므로 이 세 개만 잘 찾으면 된다. 이런저런 이유로 그 모습이 다양하지만 말이다.

이제 무엇을 어떻게 찾을까, 찾는 법에 대해 조금 긴 이야기를 하려고 한다. 그만큼 문장 속에서 무엇을 찾아 읽는 일이 간단한 일이 아닌 셈이다. 그런데, 재미있기도 하다.

증명사진처럼 분명한 무엇

증명사진이란 것이 있다. 아시다시피 학생증과 주민등록증, 운전면허증, 여권 등에 들어가는 사진이다. 이 사진으로 실제 인물이 맞는지 확인한다. 그래서 모자라든가 머리 모양이 화려해서 얼굴을 알아보기 힘든 것은 피해 달라고 한다. 빠르고 정확하게 확인해야 하니까 그럴 것이다. 어떤 문장은 증명사진처럼 무엇이 분명하다. 예를 든다.

나는 사과를 좋아한다.

무엇에 대한 문장일까? 사과일까? 이상하게 들릴 수 있겠지만 사과에 대한 문장이 아니다. '나'가 사과를 좋아한다는 문장이다. '나'에 대한 문장이다. 그럼, 사과는 무엇일까? 사과는 좋아한다는 행위의 대상이다. 문장 전체가 아닌 좋아한다는 행위의 대상이다. 다음 예문처럼 아무리 사과에 조명을 비추어도 무엇이 바뀌지 않는다.

나는, 작지만 내겐 너무도 소중해서 큰, 그 사과를 좋아한다.

무엇에 대한 문장일까? 역시 '나'에 대한 문장이다. 사과에 화려한 불빛을 비추었지만 여전히 '나'에 대한 문장이다. 만약, 사과에 대한 문장이라면 어떻게 썼어야 할까?

사과는 내가 좋아하는 과일이다.

이렇게 써야 한다. 하지만 우리는 이렇게 쓰지 않는다. 우리말은 사람을 중심으로 쓰지 사물을 중심으로 쓰지 않기 때문이다. 그래서 '나는 사과를 좋아한다.'는 말을 듣는 사람은 '아, 이 사람은 사과를 좋아하는구나.' 이렇게 이해하고, '아. 이 사람이 좋아하는 과일은 사과구나.' 이렇게도 이해한다. 추론 가능하기 때문이다. 다음은 무엇에 대한 문장일까?

내가 좋아하는 과일은 사과다.

사과일까? 아니다. '내가 좋아하는 과일'이다. 사과라고 말해도 아주 틀렸다고 말하기는 어렵다. 하지만 '내가 좋아하는 과일'이 더 정확하다. 예문을 하나 더 보자.

내가 좋아하는 것 중의 하나는 노래 부르기다.

무엇에 대한 문장일까? '하나'일까? 아니다. 내가 좋아하는 것 중의 '하나'가 더 정확하다. '하나'는 의미가 구체적이지 못하기 때문이다. '하나'보다는 '내가 좋아하는 것 중의 하나'가 의미가 분명하다. 확인하기 위해서 마지막으로 예문을 하나 더 보자.

나는 가수다.

무엇에 대한 문장일까? '나'다. '나'는 가수이지만, 남자일 수도 있고 잘생긴 사람일 수도 있다. 위 문장은 그 중의 하나만 얘기한 것이다. 이 문장은 '나'에 대한 문장이다.

지금까지 무엇이 분명한 문장을 살펴보았다. 이 문장 유형, 앞에 수식도 없이 바로 무엇이 나오는 유형은 증명사진의 얼굴처럼 알아보기 쉽다. 이렇게 무엇 앞에 아무 것도 없어서 대상을 쉽게 찾을 수 있는 문장을 만나면 편안하다. 이 유형의 문장 몇 개를 더 적어 본다.

나는 열다섯 살이다.
너는 누구냐?
꽃이 활짝 피었다.

샹들리에처럼 화려한 무엇

결혼식장에 가면 화려한 샹들리에가 여기가 결혼식장이란 걸 확인해 준다. 어쩌면 낭비 같다는 생각도 들지만 밋밋한 형광등을 달아 놓았다고 생각해 보면 샹들리에가 그저 화려하기만 한 것이 아니라 오늘을 빛내 주는 아주 고마운 존재라는 생각이 절로 난다. 문장에도 그 샹들리에처럼 무엇을 화려하게 꾸며 주는 것이 있다. 다른 사람에겐 하찮은 것이라도 내겐 더 없이 소중한 것이 있는 것처럼 다른 사람들에겐 아무 것도 아닌 무엇일 수도 있지만 내겐 정말 소중한 무엇이 될 수 있다. 대상이 소중할수록 그런 문장이 될 확률이 높다. 예를 들어 보자. 무엇이 너무도 소중해서 샹들리에를 달지 않을 수 없는 문장이다.

평소에도 사과를 무척 좋아했던 그는 과일 가게에 가면 사과부터 샀다.

무엇에 대한 문장일까? 사과에 대한 얘기가 두 번이나 나오는 것으로 봐서 사과에 대한 문장일까? 아니다. '그'에 대한 문장이다. 그는 평소에 사과를 좋아해서 과일 가게에 가면 사과부터 샀다는 문장이다. 그렇다면 사과에 대한 문장으로 오해할 만한 이유는 어디에서 오는 것일까? 다음 예문을 보면서 생각해 보자.

나는 과일가게에 가면 사과부터 샀다.

'그'를 화려하게 했던 장식들을 걷어 냈다. '그'에 대한 문장인 것이 분명해졌다. 무엇을 장식했던 샹들리에에서 전구만 남긴 셈이다. 샹들리에의 그 화려한 장식이 무엇을 살짝 가린 것이다. 화려한 문장은 단순함이 주는 담백한 맛과 다른 읽는 재미를 준다. 화려함이 필요할 땐 화려하게, 담백함이 필요할 땐 담백한 것이 최고인 것처럼 적절하게 사용하는 것이 가장 좋은 문장이겠다. 샹들리에가 달린 문장 이야기를 이제 그쳐야 하니 아쉬움에 예문 하나 더 들어 본다.

　　학교가 파한 뒤라 갑자기 조용해진 상점 앞길을 열어놓은 유리창 밖으로 내다보고 등상에 앉았던 정례가 눈살을 찌푸리며 돌아다본다.
　〈염상섭, 두 파산〉

화려하면서도 정확하고 재미있는 문장이다. 의미도 잘 들어온다. 정보 부분이 비교적 간결하기 때문이다. 잔소리처럼 쓸데없는 이야기가 없고 먼 곳에서 가까운 곳으로 카메라가 옮겨오면서 분위기를 만들어 내는 것이 마치 영화의 한 장면 같이 멋지다. 한 마디로 느낌이 좋다. 어쩌다 샹들리에 예찬이 된 모양인데, 예찬하려고 한 것은 아니다. 샹들리에의 화려함에 가려질 수 있는 무엇이 있다는 것을 알리려 한 것이다. 샹들리에의 화려함에 전구를 못 볼 수 있다. 화려함에 취해 전구를 볼 생각도 들지 않지만 문장을 읽는다면 그렇게 해선 안 된다. 무엇을 찾아야만 문장의 의미를 읽어 낼 수 있기 때문이다. 화려함에 취해서 무엇을 찾을 생각을 못할 수 있으므로 샹들리에로 멋진 문장을 만나더라도 '무엇'은 잊지 말자.

수줍어 엄마 뒤에 숨은 아이 같은 무엇

엄마 뒤에 숨는 아이가 있다. 무엇이 그렇게 수줍게 한 걸까? 어떤 무엇도 아이처럼 문장 속으로 숨는다. 물론 수줍어서 그런 건 아니다. 여러 이유가 있지만, 첫째 이유는 서로 알고 있기 때문에 번거롭지 않게 스스로 숨어 주는 것이다. 이런 문장은 생각보다 많다. 하도 많이 사용해서 전혀 어색함이 없다. 둘째 이유는 글을 쓰는 사람이 글을 읽는 사람이 알고 있을 것이라고 오해해서 빼 먹는 것이다. 물론 읽는 사람은 무엇을 모른다. 무엇이 말 그대로 문장 안에 없기 때문이다. 그래서 이런 문장을 보면, 뭐지? 이렇게 갸우뚱하게 되기도 한다. 그런 문장들의 무엇을 살펴보자.

밥 먹었니?

무엇에 대한 문장일까? 밥일까? 특별한 경우를 빼고는 밥에게 먹었냐고 묻는 사람은 없을 것이다. 우선 추측건대, 이 문장의 무엇은 먹는 일을 할 수 있어야 한다. 또 밥은 보통 사람이 먹는다. 사람이 아니라면 밥이 아니라 먹이라고 하지 않을까? 그러므로 이 문장은 듣는 사람에게 말하고 있다고 보인다. '너(듣는 사람)는 밥 먹었니?' 이것이 제대로 된 문장이다. 그런데 오히려 어색하지 않은가? 무엇을 빼고, 밥 먹었니? 이렇게 사용하는 것이 자연스럽다. 묻는 사람이나 듣는 사람이나 모두 같은 상황에 있다. 격식을 갖출 필요 없이 편하게 핵심만 얘기하는 것이 낫기 때문이다. 다음 예문은 조금 자연스럽지 않은 문장이다.

어땠니?
뭐가?

어땠냐고 묻는 사람은 듣는 사람도 무엇을 말하려고 하는지 알고 있다고 생각하고 있는 모양이다. 그래서 무엇을 생략하고 물은 것이다. 그런데 듣는 사람은 그것이 무엇을 말하는지 모른다. 혹은 모른 체 하고 있다. 그래서 무엇을 말하는지 되묻는다. 흔히 있는 일상의 대화다. 아마도 뒤에 이어지는 대화는 다음과 같은 것이 될 것이다. 대상을 분명하게 밝히면 능청을 떨 수 없다.

사과 말이야.

아, 사과는 탁자 위에 있어.

이렇게 무엇을 알게 되면, 바로 답변이 가능하다. 이렇듯 무엇에 대해 모르는데 무엇을 쓰지 않으면 뜻이 통하지 않는다. 분명 주의해야 할 일이다. 다른 예문을 하나 더 들어 본다.

사과는 탁자 위에 있었다. 그리고 탁자 위에는 귤도 있었다. 그런데 상당히 많아서 한 번에 들어서 옮기기 힘들어 보였다.

사과가 있고, 귤도 있다. 그런데 뭐가 많아서, 뭐가 힘들어 보이는 것일까? 세 번째 문장은 한 번에 의미가 들어오기 힘들다. 무엇이 둘이나 숨어 있기 때문이다. 무엇을 드러내면 다음과 같다.

사과는 탁자 위에 있었다. 그리고 탁자 위에는 귤도 있었다. 그런데 (사과와 귤이) 상당히 많아서 (옮기는 사람이) 한 번에 들어서 옮기기 힘들어 보였다.

글쓴이의 실수일까? 아니다. 이것이 자연스럽기 때문이다. 우리말의 특징 중의 하나가 바로 생략이다. 조금만 여유가 있다면 무엇의 생략은 언제 어디서나 등장한다. 하지만 읽는 사람이 무엇을 읽어 내지 못한다면 그는 괴로울 것이다. 특히 중요한 대목이라면 어디 전화라도 하고 싶은 심정일 것이다. 그렇다고 생략의 묘미를 버릴 수는 없으니 무엇을 잘 읽어 내는 수밖에 없다.

가면 뒤에 가려진 무엇

가면은 가짜 얼굴이다. 진짜 얼굴은 가면 뒤에 있다. 그런 무엇도 있다. 보이는 것이 무엇이 아니다. 진짜 무엇은 가면 뒤에 있다. 왜 그랬을까? 그럴 수밖에 없는 이유가 있다. 살다 보면 보이지 않아야 더 잘 보이는 것들도 있다. 달을 가리키면 달을 봐야지, 손가락을 보지 말라는 유명한 이야기도 있지 않은가. 아주 많지는 않지만 보이는 가면 뒤에 가려진 무엇을 찾아야 한다. 예문을 들어 본다.

사과가 묵직했다.

사과는 과일이다. 그런데 자기의 잘못을 인정하고 용서를 비는 사과(謝過)도 있다. 위 문장은 사과의 한자를 밝히지 않아서 두 가지 의미로 모두 통한다. 그래서 상황에 따라서 사과(沙果)로 읽어야 할 수도 있고, 사과(謝過)로 읽어야 할 수도 있다. 또 다른 문장을 보자. 좀 투명에 가까운 가면이지만 가면 뒤의 무엇을 보아야 할 문장이다.

드디어 봄이 왔다.

봄은 겨울이 지나고 오는 따뜻한 계절이다. 그런데 이 봄은 어떤 어려움이 지나고 오는 시간을 뜻하기도 한다. 그래서 역시 가면 뒤에 있는 무엇을 보아야 할 문장이다.

소나기가 한바탕 휘몰아치고 지나갔다.

비는 수증기가 엉기어 하늘에서 떨어지는 물방울이다. 그런데 이 비는 고난을 뜻하기도 한다. 소나기는 갑작스럽고 집중적인 비니, 아무래도 그 고난과 닮았다. 그래서 위 문장이 무엇은 소나기같이 갑작스럽고 집중적으로 일어난 어려움으로 볼 수 있다. 흔히 상징은 본래 단어의 뜻 이외에도 다른 뜻도 갖는다. 이미 매우 식상하다. 비둘기가 평화를 상징하는 것처럼 말이다. 그런데 우리가 사용하는 글에는 꼭 이렇게 유명한 상징만 있는 것은 아니다. 별명처럼 아주 가볍고 몇 사람만 알고 있는 상징도 사용한다. 그래서 생각보다 상징은 적지 않다. 가면, 즉 상징 뒤에 가려진 그 무엇을 찾아서 읽어야 하는 문장도 있다는 사실을 잊지 말아야 한다. 마지막으로 한 문장 더 들어 본다. 다음 문장은 그저 곰이 아니다. 마음씨는 착하지만 좀 어리석은 사람을 곰이라고 부르곤 하기 때문이다. 그렇게 읽히는가?

드디어 곰이 나타났다.

젓가락처럼 짝을 이루는 무엇

눈은 두 개가 짝이다. 손도, 발도, 귀도 둘로 짝을 이루고 있다. 이렇게 둘이 짝을 이루는 것이 세상엔 참 많다. 그리고 그런 문장도 있다. 무엇이 둘이다. 무엇이 둘일 수 있을까? 모든 언어가 그런 건 아닌 것 같고 우리말의 특징 중의 하나다. 굳이 구별하자면 형 무엇과 동생 무엇 정도다. 일단 예문을 보자.

그 사람은 키가 크다

무엇에 대한 문장일까? 넓게 보면 그 사람이고, 좁게 보면 그 사람의 키에 대한 문장이다. 그런데 모두 그 사람에 대한 문장이니 어느 것이든 크게 문제될 것이 없어 보인다. 예문을 하나 더 보자.

우리나라는 삼면이 바다다.

우리나라에 대한 문장일까, 우리나라의 삼면에 대한 문장일까? 여러 사람들에게 물어봐도 반반이다. 뭐가 되었든 둘 다 무엇이 맞는 이유는 하나는 넓게 본 무엇이고, 다른 하나는 좁게 본 무엇이기 때문이다. 넓게 보면 우리나라에 대한 문장, 좁게 보면 우리나라의 삼면에 대한 문장이다.

너무 많아 찾기 힘든 무엇

아름다운 것은 단순하다고 한다. 그런데 그 단순미를 두고 장식을 한다. 장식은 멋지기도 하지만 질리기도 쉽다. 그래서 샹들리에가 있는 문장보다는 단순한 문장이 좋다. 그런데 이번엔 성격이 좀 다른 것이 있다. 장식이 많아서 무엇을 찾기 힘든 것이 아니라 문장 안에 무엇이 여러 개 등장해서 진짜 무엇을 찾기 힘든 경우다. 예를 든다.

나는 과일 가게에 들어갔고, 평소대로 사과를 집어 들었다.

'나'에 대한 문장이다. 그런데 '나'는 두 가지 행동을 한다. 하나는 과일 가게에 '들어갔고', 다른 하나는 사과를 '집어 들었다'는 것이다. 그런데 '나'는 한 번만 등장한다. 뒤에 '집어 들었다'는 행동도

'나'가 했으니 한 번만 쓰고 생략한 것이다. 어쨌거나 무엇에 대한 문장인지 알기 어려운 것은 아니다. 다음은 좀 더 복잡한 문장이다.

과일 가게 안에는 사람들이 많았고, 주인을 비롯해 모두 바빠 보였는데, 그 중에 유독 한 사람만이 멍하게 서 있었다.

무엇에 대한 문장일까? 좀 복잡하다. 이 문장의 대상이 셋이기 때문이다. 사람들, 모두, 한 사람 등이다. 그럼 이 문장은 세 개의 무엇에 대한 세 개의 정보를 담은 문장일까? 아니다. 자세한 이야기는 뒤에 나올 문맥을 다룬 글에서 볼 수 있는데, 여러 가지 무엇에 대한 문장이지만 문장에 등장하는 모든 무엇이 다 전달하고 싶은 문장은 아니기 때문이다. 첫 번째 무엇인 사람들은 과일 가게 상황을 알려 주기 위한 것뿐이다. 진짜 하고 싶은 이야기가 아니다. 두 번째 무엇인 모두도 하고 싶은 이야기가 아니다. 왜냐하면 세 번째 무엇인 한 사람이 서 있었다는 이야기를 하려고 한 것이기 때문이다. 그러므로 진짜 하고 싶은 이야기는 마지막이다. 이 문장을 이렇게 쓴 이유는 이렇게 쓸 수밖에 없는 상황이 있기 때문이다. 전달하고 싶은 의미가 그것만으로는 전달이 안 되고, 그 주변 상황을 함께 전달해야만 하는 상황 같은 것이다. 물론 몇 문장으로 나누어도 된다. 하지만 묶어도 된다. 하여간 그렇게 쓴 것이야 뭐라 할 것이 아니지만 읽는 사람을 다소 번거롭게 한다는 것이다. 그것이 읽기 어렵게 하는 것은 아니다. 마르셀 프루스트의 「잃어버린 시간을 찾아서」에서 차를 마시며 기억을 떠올리는 아주 유명한 장면의 긴 문장이 좋은 예이다.

일본사람들의 놀이에서처럼 물을 가득 담은 도자기 그릇에 작은 종잇조각들을 적시면, 그때까지 형체가 없던 종이들이 물속에 잠기자마자 곧 펴지고 뒤틀리고 채색되고 구별되면서 꽃이 되고, 집이 되고, 단단하고 알아볼 수 있는 사람이 되는 것처럼, 이제 우리 집 정원의 모든 꽃들과 스완 씨 정원의 꽃들이, 비본 냇가의 수련과 선량한 마을 사람들이, 그들의 작은 집들과 성당이, 온 콩브레와 근방이, 마을과 정원이, 이 모든 것이 형태와 견고함을 갖추며 내 찻잔에서 솟아 나왔다.
〈마르셀 프루스트의 『잃어버린 시간을 찾아서』, 민음사, 김희영 옮김〉

꽤 긴 이 글은 분명히 한 문장이 맞다. 그렇지만 한참을 들여다보아도 무엇에 대한 문장인지 알기 어렵다. 너무도 많은 무엇이 등장해서다. 그런데 분명히 할 것은 무엇을 알아보기 힘들다는 것이지 이해하지 못할 문장은 아니다. 어쨌거나 무엇이 많으면 무엇이 가려지는 건 분명하다. 이런 문장에서 무엇을 쉽게 찾는 방법이 있을까? 싱겁지만 그런 것은 없다. 이 문장의 대상은 '이 모든 것'이다.

무엇을 알려주는 표지

문장에서 무엇을 찾는 일은 쉬운 듯 어렵다. 그런데 다행히도 그 어려움을 덜어 주는 것도 있다. 문장에서 무엇이 무엇인지 알려 주는 표지가 그것이다. '은, 는, 이, 가'가 대표적이다. 아시다시피 이런 낱말을 조사라고 하는데 이 조사는 무엇에 붙어 그것이 무엇인지 알려 주는 역할을 한다. 여간 반가운 것이 아니다. 그런데 꼭 '은, 는, 이, 가'만 쓰이는 것이 아니어서 여전히 문장에서 무엇에 대한 문장인지 잘 찾아 읽어야 한다. 앞에서 살펴보았던 문장들을 예문으로 들어 본다.

나는 사과를 좋아한다.
('증명사진처럼 분명한 무엇'에서)

'는'이 있다. 예외가 있을까? 있다. 다음 예문을 보자.

새벽 5시에는 거리에 사람들이 거의 없다.

이 문장에서 무엇은 무엇일까? 사람들이다. 그러면 '새벽 5시에는'에서의 '는'은 무엇일까? 이때 '는'은 강조의 뜻을 나타내는 보조사이다. 즉, '은'과 '는'은 무엇을 나타내는 조사이기도 하면서 강조의 뜻도 나타내는 조사인 것이다. 그럼 이런 경우 어떻게 구분할까? 앞으로 살펴볼 내용이지만 무엇에 대한 환언, 행위, 상태 등 문장의 정보 부분의 설명을 보고 판단할 수 있다. 확실한 대책이 있으니 걱정할 필요는 없다. 이 문장으로 설명하자면 '거의 없다'는 설명이 있는데 이 설명에 어울리는 것은 사람들이지 새벽 5시가 아니다. '사람들이 거의 없다.' 이 문장은 이렇게 자연스러운데 '새벽 5시는 거의 없다.'는 자연스럽지 못하기 때문이다. 하여간 이 부분은 잠시 미루고 이 정도로만 이야기하자. 계속 이어 가자.

평소에도 사과를 무척 좋아했던 나는 과일 가게에 가면 사과부터 샀다.
('꽃처럼 화려한 무엇'에서)

화려한 장식에 파묻혀 있어 쉽게 알아차리지 못할 수도 있지만 표지는 분명하고 눈에 쉽게 띈다. 위 문장에는 '는'이 있다. 도로에서 이정표를 볼 때처럼 편안하다. 모든 문장에 이정표 같은 것이 있으면 얼마나 좋을까? 그런데 우리는 표지를 숨기곤 한다.

밥 먹었니?
('수줍어 엄마 뒤에 숨은 아이 같은 무엇'에서)

이 문장은 본래 '너'가 있어야 하는 것인데 서로 잘 아는 사이라서 애써 '너'라고 부를 필요가 없으니 '너는'이 빠진 문장이라고 했다. 무엇이 빠지면서 '는'까지 함께 빠져 있다.

소나기가 한바탕 휘몰아치고 지나갔다.
('가면 뒤에 가려진 무엇'에서)

이 문장은 소나기 뒤에 고난이라는 무엇이 가려져 있다고 했다. 그런데 다행히도 무엇을 나타내는 표지는 가면이 없다. 있는 그대로 '가'가 사용되었다. 그래서 이 문장 역시 무엇을 쉽게 알 수 있다.

다른 표지들

무엇에 대한 문장인지 알려 주는 표지가 보통 '은, 는, 이, 가' 이렇게 네 가지 조사다. 그런데 다른 모양의 표지도 있다고 했다. 여기서는 다른 형태의 표지를 살펴본다.

나, 행복했다.

표지가 보이는가? 물론 보이지 않는다. 생략되어 있기 때문이다.

'나(는) 행복했다.'는 문장이 완전한 형식이다. 하지만 간결한 느낌을 위해 '는'을 생략했다. 이렇게 '은, 는, 이, 가'의 조사가 생략될 수 있다.

　나도 행복했다.

　표지가 보이는가? '은, 는, 이, 가'는 보이지 않는다. 그 대신 '도'가 보인다. 그럼 이 '도'가 표지일까? 그렇다. '도'는 무엇을 나타내면서, 나 혼자만이 아니라 다른 누군가와 함께하고 있다는 뜻도 포함한다. 그런 뜻을 가진 표지인 셈이다.

　나만 행복했구나!

　표지가 보이는가? 역시 '은, 는, 이, 가'는 보이지 않는다. 대신 '만'이 그 자리에 있다. '만'은 '혼자'임을 나타낸다.

　나야말로 행복했다!

　표지가 보이는가? 우리에게 익숙한 '은, 는, 이. 가'가 아닌 '야말로'가 자리를 차지하고 있다. '야말로'는 어떤 뜻이 담겨 있을까? 다른 사람이 아닌 '나'라는 사실을 강조하고 있다. 누가? 그 사람이? '나야말로 하고 싶은 말이 있었는데'……. 이처럼 '나'를 힘주어 말할 때 쓰는 낱말이다. 그건 그렇고, '은, 는, 이, 가' 말고 무엇을 나타내는 표지로 사용되는 조사는 얼마나 많은 걸까? 무엇임을 나타내는 조사는 다행히도 많지 않다. 예문을 보자.

아버지께서 선물을 사 오셨다.
정부에서 새로운 주택 정책을 발표했다.

이렇게 해서 무엇을 나타내는 표지는 다 살펴보았다. 즉, '이, 가, 께서, 에서' 이렇게 네 개뿐이다. 그러면 '은, 는'은 무엇일까? '은, 는', 그리고 앞에서 살펴보았던 '도, 만, 야말로' 등은 본래 공식적인 무엇을 나타내는 조사는 아니지만, 무엇을 나타내는 역할을 하는 조사다.

무엇의 자격

무엇이 무엇이다.
무엇이 어찌한다.
무엇이 어떠하다.

이 세 가지 기본 문장에 무엇은 필수다. 귀한 정보를 담고 있다 한들 무엇이 없어서야 무슨 소용이겠는가. 하지만 무엇은 흔하고 정보는 귀하니 무엇을 가볍게 여기는 것도 이해하지 못할 바는 아니다. 진짜 귀한 정보를 만나면 그 대상인 무엇을 찾게 마련이니 그저 편안하게 자리를 지키고 있으면 될 일이기도 하다. 그런데 그 자리를 지키려면 자격이 있어야 한다. 정보와 어울려야 하기 때문이다.

가. 무엇이 무엇이다.

이 기본 문장의 무엇에 들어가기 위한 자격은 무엇이든 좋다. 즉, 자유롭다. 존재하든 상상이든, 무엇이든 좋다. 예문을 보자.

우주는 넓다.
지구는 아름다운 별이다.
대한민국은 역사가 깊다.
서울은 멋지다.
나는 사람이다.
사람은 사람다워야 한다.
대한민국에서 멋진 곳은 서울만이 아니다.
역사가 깊다는 것은 그만큼 경험이 많다는 것이다.

아름다운 별이 이 우주 어딘가에 더 있겠지?
이 우주가 이렇게 넓어진 것은 내가 너를 사랑하기 때문이다.

무엇이 무엇이다, 이 기본 문장의 무엇에는 무엇이든 올 수 있지 않은가! 심지어 우리가 쓰지 않는 낱말도 사용할 수 있다. 아래 예문이면 더 이상 무엇이든 올 수 있다는 말을 할 필요가 없을 것이다.

'아름자'는 지금 만든 낱말로 아름다운 자연을 이르는 말이다.

나. 무엇이 어찌한다

그런데 무엇이 어찌한다, 이 기본 문장은 사정이 다르다. 자격이 꽤 까다롭다. '어찌할 수' 있는 것이어야 하기 때문이다.
이 기본 문장은 움직임을 담고 있다. 그래서 이 기본 문장의 무엇은 움직이는 것이어야 한다. 움직이지 못하는 것이 어찌 움직이겠는가. 매우 쉬운 얘기다. 예문을 보자.

호랑이가 어슬렁어슬렁 걸어간다.

호랑이는 걸을 수 있다. 그래서 위 예문은 자연스럽다. 그런데 움직이지 못하는 무엇을 한번 넣어 보자.

나무가 어슬렁어슬렁 걸어간다.

어찌 된 일이지? 아마도 그런 생각이 들 것이다. 나무가 다리가 달렸나? 아무리 생각해도 그럴 수 없다. 다음 예문은 사정이 좀 다르다. 어찌 보면 그럴 수도 있기 때문이다. 예문을 보자.

세상이 나를 부른다.

이 문장의 무엇인 세상은 사람처럼 누군가를 부를 수 없다. 세상은 소리를 낼 수 없기 때문이다. 어찌 보면 형체도 없다. 추상적이다. 그렇지만 이 문장은 의미를 갖는다. 이 문장이 의미를 갖는 건, 비유적이기 때문이다. 본래 '부를 수' 없지만, 사람처럼 비유를 통해 '부른다'고 표현한 것인데, 우리는 이런 비유에 익숙해 있기 때문에 의미가 통하는 것이다. 그런 익숙한 비유가 아니면 다시 의미를 담지 못한다. 비유적인 표현을 하나 더 살펴보고, 다른 예문을 이어서 보자. 차이를 느낄 수 있을 것이다.

구름이 비를 몰고 왔다.

산이 걸어간다.

산이 밥을 먹고 있다.

산이 내일 할 일을 생각하고 있다.

비유가 통하는 몇몇 문장을 제외하면 움직일 수 없는 것이 무엇이 될 수 없는 건 분명하다. 그리고 분명 우리말 특징 중의 하나다. 영어는 다르다. 움직일 수 없는 것이 무엇이 되는 문장이 흔하다. 그래서 그 영어 문장을 우리말로 직역해 놓으면 어색하다. 번역할 때 어려운 점 중의 하나다. 영어의 표현법을 살리자니 우리말에 맞지 않고 우리말에 맞추자니 영어 특유의 표현이 주는 어감이 사라진다. 그건 번역가에게 맡기고. 하여간 우리말은, 무엇이 어찌한다, 이 기본 문장에서 어찌할 수 있는 무엇이 와야 자연스럽다.

다. 무엇이 어떠하다

결론부터 말하자면 이 기본 문장의 무엇도 어떠하다에 해당할 수 있어야 한다. 우선 예문부터 보자.

나는 행복하다.

이 기본 문장에서 무엇은 행복할 수 있는 무엇이어야 한다. 다행히 '나'는 그럴 수 있는 존재여서 자연스럽다. 이번엔 행복할 수 없는 무엇이 있는 문장이다. 어색할 것이다.

돌은 행복하다.

아마도 무슨 의미인지 이해하기 어려울 것이다. 물론 비유적으로 이해할 수 있지만 그건 특수한 상황일 것이다. 이번엔 좀 더 분명하게 어색한 문장이다. 아마도 이런 문장은 보기 어려울 것이다.

독수리가 나비보다 작다.

혹 그런 독수리가 있을지 모르겠지만 독수리는 나비보다 크다. 그러므로 이 문장의 무엇인 독수리는 자연스럽지 못하다. 예문을 하나 더 들어 본다.

까마귀가 희다.

까마귀는 검기 때문에 까마귀다. 설령 흰 까마귀가 있다고 해도 까마귀는 검은 것이 일반적이다. 그러므로 이 문장의 무엇인 까마귀는 자연스럽지 못하다. 이제 이야기를 마무리하자. 무엇은 정보를 담은 부분, 무엇이다, 어찌한다, 어떠하다에 해당하는 것이 와야 한다. 무엇이 무엇이다, 이 기본 문장의 무엇은 자유롭지만 다른 두 기본 문장은 그렇지 못하다.

문장

3장
정보 –
'무엇이다, 어찌한다, 어떠하다'를 찾아라

무엇을 읽었다면 이제 다음 할 일은 무엇을 무엇이라고 하는지, 무엇이 어떻게 움직였는지, 무엇이 어떤 상태인지 찾는 것이다. 즉, 앞에서 무엇에 대한 문장인지 찾아 읽었으니 이제 남은 건 그 무엇에 대해 뭐라고 하는지, 그것을 읽을 차례다. 그걸 정보라고 한다. 그리고 다행히도 문장 읽기는 여기까지다. 무엇을 찾고 그 무엇에 대해 '뭐라고' 하는지 그 둘을 읽는 일이 문장 읽기다. 대상과 정보를 찾는 일이다.

'뭐라고' 하는 것을 읽을 때 주의할 것이 있다. 우리가 사용하는 문장은 세 가지 종류가 있다고 했다. 앞으로 자세하게 이야기할 것이지만, 각각의 문장에 표현된 '뭐라고' 하는 것들은 무엇에 대한 무수히 많은 것 중의 하나일 뿐이라는 것이다. 무엇에 대한 영원불변한 것이 아니라 그 상황에서 표현된, 무수히 달리 표현될 수 있는 것 중의 하나라는 것이다. 다음은 그 자세한 이야기다.

'~다'는 대상의 정보다

무엇이 무엇이다.
무엇이 어찌한다.
무엇이 어떠하다.

이 세 기본 문장에서 무엇이다, 어찌한다, 어떠하다가 모두 '다'로 끝나니 그 셋을 '다'로 부르자. 이는 앞에서 문장의 정보라고 불렀던 것이기도 하다. 무엇이라는 대상의 정보다.

무엇은 하나인데 '다'는 세 개인 것은 '다'의 종류가 셋이기 때문이다. 즉, '다'는 모두 같은 '다'가 아니다. 모두 다르다. 다른 정보다.

환언 정보를 담은 – 무엇이다

무엇이 무엇이다.

이 기본 문장의 정보는 환언이다. 환언은 문장의 대상인 무엇을 다시 말한 것이라는 의미다. 무수히 많은 무엇의 정보 중에 다른 관점으로 설명한 것이다. 그런데 문장의 대상인 무엇은 설명될 수 있는 것이 무한에 가깝다. 그래서 환언 역시 무한에 가깝다. 설명하기 쉬운 예가 있다. 예문을 보자.

원자는 물질을 이루는 최소 단위다.

원자를 물질을 이루는 최소 단위로 다시 말하고(환언) 있다. 그런데 이 원자는 다른 말로 다시 말할 수(환언) 있다. 예문을 보자.

원자는 물질의 기본 구성단위인 입자다.

원자는 핵과 전자로 이루어진 기본 입자다.

원자는 한 개 또는 여러 개가 모여 분자를 이루는 물질의 기본 입자다.

모두 원자를 환언하고 있는 문장들이다. 원자의 가장 기본적인 환언부터 다른 특성의 환언까지 다양하다. 만약 또 새로운 사실이 발견되면 원자의 환언은 하나 더 늘어날 수 있다. 현재까지는 옳다고 인정되지만 향후에는 옳지 않은 증거가 나와 수정될 수 있는 환언도 있을 것이다. 어떤 환언이 되었든 무엇의 모습 하나를 담고 있다. 그리고 그 환언은 결코 무엇의 전부를 환언하지는 못한다. 그것이 환언의 타고난 속성이다. 우리는 무엇이 무엇이다, 이 기본 문장에서 무엇을 이해하게 된다.

움직임 정보를 담은 - 어찌한다

무엇이 어찌한다.

이 기본 문장의 정보는 움직임이다. 즉, 대상인 무엇이 움직인 내용을 담은 움직임 정보다. 움직임 정보는, '먹다, 자다, 걷다, 달리다'처럼 동사라는 품사의 낱말이다.

그는 결국 울음을 터뜨렸다.

'울다'는 움직임의 표현이다. 무엇이 어찌한다, 이 기본 문장에서 어찌한다가 움직임 정보라는 것은 중요한 것도 새삼스러운 것도 아니다. 우리는 굳이 움직임에 신경 쓸 필요도 없다. 그런 건 신경을 쓰지 않아도 불편을 느끼지 못하기 때문이다. 그런데 한 가지는 신경 써야 한다. 이 움직임에 대한 정보가 정확할수록 좋다. 그래서 최대한 움직임을 정확하게 표현하도록 해야 한다. 예문을 보자.

그는 책을 보고 있다.

이 문장은 자연스러운가? 불편이 없다. 의미도 통한다. 그럼에도 어색한 구석은 전혀 없는가? 그럼 이 문장과 비교해 보자.

그는 책을 본다.

어떤가? 어느 문장이 더 자연스러운가? '보고 있다'는 움직임 정보는 영어의 '~아이엔지(ing)'가 떠오른다. 반면 '본다'는 움직임 정보는 읽는 행위보다 읽고 있는 그가 더 중심이다. 예문 하나를 더 보자.

그는 책 속의 사진에서 눈을 떼지 못한다.

이 문장은 '그는 책을 본다'와 어떻게 다른가? 어느 문장이 좀더 움직임을 잘 표현한 것일까? 아마도 마지막 문장일 게다. 움직임이 더 구체적이기 때문이다. 이렇듯 움직임 정보는 구체적일수록 좋다. 정확한 움직임일수록 그 움직임을 더 잘 이해할 수 있기 때문이다.

상태 정보를 담은 - 어떠하다

무엇이 어떠하다.

이 기본 문장의 정보는 움직임이 아닌 정보다. 대상의 모양, 상태 등이다. 우리는 이 정보에도 예민하지 않다. 굳이 이렇게 움직임 정보와 그렇지 않은 정보로 구분할 필요가 있을까 싶을 정도다.
 그러나 이 움직임 정보와 상태 정보가 서로 관련 있다는 사실을 이해한다면 구분이 유용할 때가 많다. 예문을 보자.

형체를 알 수 없는 그것은 빠르게 달렸다. 아마도 몸집이 크고, 무거운 것이 분명하다.

몸집이 크고, 무겁다고 빠르게 달리지 못하란 법은 없다. 하지만 일반적으로는 빠르기보다는 느리다. 이렇듯 움직임은 상태의 속성과 관련이 깊다. 움직임은 가능한 모양과 상태여야 가능한 것이기 때문이다.

글은 기본 문장 세 가지가 모두 사용된다. 그때 어찌한다와 어떠하다는 서로 조화를 이루어야 한다. 어떤 글을 읽고 움직임이 이해되지 않는다면 아마도 이 상태 정보가 서로 맞지 않기 때문일 것이다. 애써 그렇게 표현하면 웃음이 난다. 예상을 깨기 때문이다.

정보는 대상의 많은 정보 중의 하나다

문장의 정보는 대상의 모든 정보를 담지 못한다고 했다. 여기서 그 구체적인 이야기를 하려고 한다.

가. 무엇이 무엇이다

나는 가수다.

나는 가수만은 아니다. 나는 가수이기도 하지만 사람이기도 하다. 그리고 남자이거나 여자이기도 하다. 키가 크거나 작기도 하다.

혹은 마르거나 뚱뚱하기도 하다.

　위 문장은 나를 설명하는 수많은 것 중에서 가수인 것만을 표현하고 있다. 그것이 무엇이 무엇이다, 이 기본 문장의 본질이다. 그래서 우리는 이 문장을 읽고 나에 대해서 가수라고만 생각해서는 안 된다. 가수는 나에 대한 여러 가지 중의 하나일 뿐이라고 받아들여야 한다. 지금 이 문장에서는 가수라고 하지만 본래는 소방대원이면서 가수일 수 있다. 교사이면서 가수일 수 있다. 그래서 내가 가수이니까 가수 이외에, 예를 들어, 소방대원이라든가 교사 같은 직업에 대해서 전혀 모른다고 생각하는 것은 바람직하지 않다. 나에 대해 설명하자면 천 가지도 넘는 특성이 있는데 그 중에서 하나만 설명한 것이기 때문이다. 포도를 좋아한다고 해서 다른 과일을 싫어한다고 생각하는 것과 같다.

　이 사람은 가수이기도 하구나, 이렇게 받아들이는 것이 이 문장의 본질에 더 가깝다. 나를 설명할 수 있는 것은 이론적으로 무한대이므로 가수는 무한대 중의 하나다. 무의미할 수 있다는 것이다. 예문을 보자.

　나는 가수다.
　나는 초등학생이다.
　나는 어느 별에서 온 외계인이다.

나는 13살이다.

나는 사과를 좋아하는 사람이다.

나는 …….

글을 읽다 보면 무엇이 무엇이다, 이 기본 문장을 자주 접하게 된다. 기본 문장 세 개 중의 하나이니 당연한 것이기도 하다. 하지만 이 기본 문장이 글의 목적에 가장 가까운 문장이기 때문이기도 하다. 조금 복잡한 이야기니 문단을 바꾸어 설명하자.

글은 궁극적으로 하고 싶은 말을 전달하는 것이다. 그리고 그 하고 싶은 말은 사실에서 시작한다. 그래서 사실을 설명하는 일이 필수 과정에 가깝다. 그때는 누구도, 무엇이 무엇이다, 이 기본 문장을 피할 수 없다. 글은 곧 무엇에 대한 것이고, 글은 끊임없이 무엇이 무엇이다라며 무엇을 이야기하기 때문이다. 이 기본 문장이 많으면 많을수록 그 글은 상세한 글이 된다. 곧 이해하기 쉬운 글이 된다.

우리는 글을 읽으면서 무엇을 확인하며 읽지 않지만 실제로 글을 쓰는 사람은 끊임없이 무엇을 확인한다. 무엇을 이해하는 데 도움이 될까 고민하기 때문이다. 글은 결국 무엇에 대한 것이기 때문이다. 그래서 글을 읽는 사람이라면, 무엇에 관심을 두고 읽어야 한다.

어떤 글은 책 전체가 무엇에 대해 무엇이다 하나만을 가지고 이야기를 이어가기도 한다. 삶이란 무엇인가? 제목만으로 확인 가능할 것이다. 삶을 어찌 책 한 권으로 다 설명할 수 있을까. 하지만 책의 곳곳에서 수많은 문장인 '무엇이 무엇이다'를 볼 수 있을 것이다. 어느 누가 써도 부족하겠지만 우리는 그렇게 '삶이 무엇이다'는 형태의 문장을 읽으면서 삶을 이해할 수 있을 것이다. 결국 무엇에 대해 알아가는 것을 학습이라고 한다면, 그것은 무엇에 대해 수많은 '무엇이다'를 통해 그것에 대해 알게 되는 과정이다.

나. 무엇이 어찌한다

사과나무에서 사과가 땅에 툭 떨어졌다.

사과에 대한 문장이다. 사과에 대한 어떤 정보일까? 땅에 툭 떨어졌다는 정보다. 더 줄이면 떨어졌다는 정보다. 더 구체적인 정보는 사과나무에서, 땅에, 툭 등을 통해 알 수 있다. 하여간 사과가 떨어졌다는 것이다. 이제 떨어졌다는 정보를 좀 더 생각해 보자. 사과는 동물이 아니다. 스스로 움직일 수 없다. 하지만 움직여질 수는 있다. 바람에, 사람에. 사과가 굴렀다는 표현도 가능하고, 사과가 움직였다는 표현도 가능하다. 앞의 무엇이 무엇이다에서 무엇이다는 무엇에 대한 여러 가지 설명 중의 하나라고 했다. 떨어졌다도 마찬가지다. 무엇이 어찌한다에서 어찌한다에 해당하는 정보도 하나일 뿐이다. 움직임 하나를 표현한 것이다. 사과가 가만히 있지 않고 계속해서 움직인다고 생각해 보자. 그러면 어찌한다는 정보 중의 하나라는 것이 실감날 것이다.

사과나무에서 사과가 땅에 툭 떨어졌다.
땅은 약간 기울어져 있어, 사과는 떨어지자마자 구른다.
그러다가 튀어나온 돌에 부딪혀 오른쪽으로 방향을 바꿔 구른다.
그것도 잠시, 냇가에 빠진다.
그리고 냇물을 따라 떠내려간다.

사과는 떨어지고, 구르고, 방향을 바꿔 구르고, 냇물에 빠지고, 떠내려간다. 이렇듯 사과의 모든 움직임이 표현될 수 있다. 문장은 그 움직임 중에서 하나만 담은 것이다. 정말 사과가 위 문장처럼 움직였다면, 그 움직임을 고스란히 담은 문장의 정보가 대단하지 않는가. 그대로 재현 가능한 정보를 담고 있다는 것이 다시 생각해도 놀랍다.

어떤 사람의 일생을 담은 전기를 보면 태어나고, 무엇을 하고, 또 무엇을 하고……. 이처럼 살아서 했던 일들이 담겨 있다. 그 움직임은 모두 '무엇이 어찌한다'의 형태다. 우리는 그 문장들로 그 사람의 일생을 잘 알 수 있다. 심지어 그대로 재현 가능하다. 재현 가능한 정보, 대단하지 않는가.

앞에서 무엇이 무엇이다, 이 기본 문장이 중요하다고 했지만 어느 정보가 더 중요하다고 말하기는 어렵다. 모두 중요하기 때문이다. 정보의 성격이 다른 것뿐이다. 무엇이 무엇이다, 이 정보를 표현하기 위해서는 무엇이 어찌하다, 무엇이 어떠하다, 모두 필요하다. 뗄 수 없는 정보들이다. 서로 보완적인 정보들이다.

이 세 가지 기본 문장에서도 어찌한다에 해당하는 것이 여전히 어느 한 가지 움직임일 뿐이라는 점은 주의해야 한다. 문장 속에서 그렇게 움직였다고 해서 그렇게만 움직이는 것이 아니다. 얼마든지 다르게 움직일 수 있다. 그 상황에서, 그 순간에 무엇이 그렇게 움직인 것뿐이다.

다. 무엇이 어떠하다

사과가 정말 동그랗다.

사과에 대한 문장이다. 그리고 그 사과의 모양이 동그랗다는 문장이다. 얼마나 동그랬으면 정말이라는 말까지 덧붙었다.

이렇게 무엇에 대한 모양을 이야기한 문장은, 무엇이 어떠하다는 유형으로 나타난다. 어떠하다는 것에는 모양, 색깔, 크기, 무게 등 무엇에 대한 상태를 나타내는 정보가 담겨 있다.

우선 몇 개를 더 보자.

사과가 네모나다.
사과가 하얗다.
사과가 크다.
사과가 가볍다.
사과가 싱싱하다.

사과의 상태를 표현한 문장들이다. 그렇게 보면 사과의 모양은 대체로 동그랗기 때문에 다른 표현은 그리 많지 않을 것이다.

그래서 이 문장 유형은 읽기가 어렵지 않은 편이다. 완전히 새로운 무엇인가가 세상에도 그리 많지 않기 때문이다. 그런 이유로 새로운 것을 받아들이기 힘든 면도 있을 것이다.

어떠하다의 특징 중의 하나는 상태가 변한다는 것이다. 세상엔 변하지 않는 것은 없을 정도로 모든 것은 계속해서 변해 나간다. 설령 눈에 보이는 것에는 크게 변화가 없더라도 속으로는 변하고 있을 것이다. 그렇게 움직임을 나타내는 것과 어찌하다와 마찬가지로 상태를 나타내는 이 기본 문장에서도 어떠하다는 항상 그런 것이 아니고, 오히려 그 순간의 상태라고 보아야 한다. 무수히 많은 상태 중의 하나인, 그 순간이다.

'~다'의 모양은 변화무쌍하다

이번 이야기는 '다'의 모양이다. 앞에서 무엇의 다양함에 놀랐을 것이다. 다행히 '다'의 모양은 무엇만큼 다양하지 않다. 항상 그 자리, 맨 마지막에 있다. 그런 면에서 참 편안하다. 다만 그 모양이 작은 변화로 변화무쌍하다. 앞서 정보의 속성에서 언급했듯이 정보는 구체적일수록 이해하기 쉽기 때문에 그렇게 되었을 것이다. 어떤 경우에는 음운 하나만으로도 정보를 추가할 수 있다. 모두 더 나은 정보를 제공하려는 것이니 불만보다는 감사해야 할 것이다.

가. 무엇이 무엇이다

저것이 사과다.
저것이 사과일까?
저것은 사과일 뿐이다.
저것이 사과로구나.

앞의 무엇은 변함이 없지만 뒤에 있는 무엇이다의 꼬리가 바뀌어 뜻이 조금씩 달라지는 문장들이다. 모두 무엇이 무엇이다로 근본적으로 문장의 구조가 달라진 건 아니다.

그러나 의미는 조금씩 달라지니 주의해야 한다. 사실 뜻이 조금 달라지는 것은 완전히 달라지는 것이나 마찬가지다. 구체적으로 조금씩 다른 뜻이 얼마나 다른지 살펴보자.

첫 번째 '사과다'에서 '다'는 가리키어 확실하게 정한다는 의미가 담겨 있고, 두 번째 '사과일까'에서 '까?'는 아시다시피 의문의 의미가 담겨 있고, 세 번째 '사과일 뿐이다'에서 '일 뿐이다'는 사과라는 의미 이외에 다른 뜻이 없다는 의미가 담겨 있고, 네 번째 '사과로구나'에서 '로구나'는 새롭게 안 사실에 대한 감탄의 의미가 있다. 이렇듯 '다'는 '다'의 기본형에서 다양하게 변화한다. 그 변화는 기본형의 무엇이 바뀌는 것은 아니다. 즉, 사과가 바뀌는 것은 아니다. 기본은 그대로다. 그런데 주의할 것은 모양은 조금 다르지만 의미는 전혀 다르다는 것이다.

'무엇이 무엇이다'에서 '무엇이다'는 기본형이다. 이 '무엇이다'는 보통 앞의 무엇에 대해 정확하게 가리키어 정하는 의미다. 무엇인가를 설명할 때, 확실하게 이야기할 때 이 문장을 사용한다. 똑 부러진다. 단호하다. 그래서 사람들은 이렇게 단호하게 얘기하는 것을 좀 부담스러워 해서 '같다'는 말을 사용하곤 한다. '사과 같아요'처럼. 하지만 그러면 그럴수록 자신이 없어지니 분명히 생각하고 분명하게 말하는 것이 좋겠다. 물론 자신이 없을 때는 사용해야 할 것이다.

'사과일까'는 '사과다'와 다르다고 했다. 그런데 사실 다른 정도가 아니라 아예 정반대의 면도 있다. 즉 '사과다'는 말 그대로 사과라는 것이다. 반면 '사과일까'는 사과가 아닐 수도 있다는 전제가 깔려 있다. 그러니 두 문장은 전혀 다른 의미를 갖는다.

'사과일 뿐이다', '사과로구나' 역시 마찬가지다. 비슷하지만 다른 문장이고, 전혀 다른 의미를 가진 문장이다. 그리고 보면 우리말의 무엇이 무엇이다라는 문장에서는 무엇도 중요하지만 더욱 중요한 것은 '다'로 볼 수 있다. 설명과 같은지 예문을 더 보자.

사랑이고,

사랑이나,

사랑이니,

사랑이라,

사랑해서,

사랑이어서,

사랑이라고,

……

사랑이다.

사랑이야.

사랑입니다.

사랑이에요.

……

외모는 비슷하지만 뜻은 전혀 다른 문장들이다. '이고'와 '이나', '이니' 등은 아주 작은 차이를 갖고 있다. 어찌 보면 작은 차이가 아닐 수 있다. '사랑한다'를 들으면 기분이 좋아질 수도 있고, '사랑하지만'을 들으면 기분이 나빠질 수도 있다. 그 정도면 사실, 큰 차이다.

나. 무엇이 어찌한다

나는 힘껏 공을 던졌다.

'나'는 이런저런 행동을 할 수 있다. 먹을 수도 있고, 잘 수도 있고, 뛸 수도 있다. 예문에서는 여러 가지 행위 중에서 던진 것을 표현한 것뿐이다. 어찌 보면 그래서 이런 문장은 읽기가 쉽다. 무엇을 찾아 읽고, 움직임을 찾아 읽으면 되는데 그 움직임이 눈에 보이는 것이기 때문이다. 눈에 보이지 않는 것이 얼마나 많은가.

뭐하고, 뭐하고, 뭐했다는 표현은 이야기를 이어가는 데도 제격이다. 소설은 주인공과 주변 인물들의 움직임을 통해 이야기를 펼쳐 간다. 그래서 소설에는 이 문장 유형이 많다. 그런데 이런 문장에도 읽기 어려운 부분이 있다. 다음 문장을 살펴보자.

나는 힘껏 공을 던지려고 했다.
나는 힘껏 공을 던지려고 했던 것은 아니다.
나는 힘껏 공을 던질 수 있었을까?
나는 힘껏 공을 던지려는 중이었다.
나는 힘껏 공을 던진다.

　모두 공을 던지는 움직임을 표현하는 문장들인데, 그 뜻이 조금씩 다르다. '던지려고 했다'는 것은 결국 던지지 못했다는 뜻이며, '던지려고 했던 것은 아니다'는 것은 어쩔 수 없이 던진 것을 설명하고 있으며, '던질 수 있었을까'는 역시 던지지 못한 상황이다.
　결국 '던지다'는 움직임도 매우 다양한 상황이 있다는 것을 짐작할 수 있다. 물론 그것은 그런 상황이기 때문에 그렇게 표현할 수밖에 없는 것들이다. 이렇게 무엇이 어찌한다는 문장의 표현에서 어찌한다는 것은 비교적 쉽게 찾아 읽을 수 있지만, 그 움직임의 다양한 상황은 잘 찾아 읽어야 하는 어려움이 있다. 한 가지만 언급하자면, 아무리 상황이 다양해도 '던지다', 즉 움직임을 나타내는 낱말의 뜻이 기본이라는 것이다. 거기에 집중하면 뜻을 이해하기가 어렵지 않다.

다. 무엇이 어떠하다

사과가 싱싱하지 않다.
사과가 싱싱해 보인다.
사과가 싱싱할 것 같다.

'싱싱하지 않다'는 '싱싱하다'의 부정으로, 말 그대로 싱싱하지 않다는 뜻이고, '싱싱해 보인다'는 싱싱한지 아닌지는 알 수 없지만 일단 싱싱해 보인다는 뜻이고, '싱싱할 것 같다'도 앞의 문장과 비슷한 의미다. 이처럼 움직임을 나타내는 문장처럼 다양한 뜻을 표현할 수 있다. 다만 움직임만큼 다양하지는 않아 보인다. 보통 무엇들의 모양이 동그랗다가 네모난 것으로 바뀌지 않기 때문일 게다.

'~다'도 생략이 가능하다

다음은 참고로 '다'의 위치와 관련한 이야기다. 생략 가능함에 대한 이야기다. 다양한 모양의 '다'를 살펴본다. '다'의 모양은 무엇에 비교한다면 매우 단순하다. 예문을 보자.

사과다.
사과도.

이 문장만으로는 정확한 의미를 알기 어렵다. 무엇을 밝히지 않았기 때문이다. 물론 서로 알고 있다고 생각하기 때문에 생략한다. 그래서 무엇을 알고 있을 수도 있다.

무엇을 밝히지 않아도 되는 것처럼 '다'를 밝히지 않을 수도 있다. 당연히 같은 이유 때문이다. 그래서 아마도 '사과도'는 이렇게 쓰였을지 모른다.

열매는 한 해의 결실이기도 하면서 새롭게 시작할 수 있는 씨앗을 품는 일이기도 하다. 그러므로 씨 없는 열매는 없다. 주변을 둘러보고 씨 없는 열매가 있는지 찾아보라. 아마도 발견하지 못할 것이다. 사과도.

생략된 무엇이다가 보이는가? 마지막의 '사과도' 뒤에는 '씨 있는 열매다' 등의 '다'가 생략되어 있다.

'~다'에 글을 읽는 사람에 대한 태도가 숨어있다

아무리 변화무쌍한 '다'라고 해도 끝나는 모양은 세 가지에서 벗어나지 않는다. 천만 다행이다. 마침표 혹은 온점(.)으로 끝나는 문장, 물음표(?)로 끝나는 문장, 느낌표(!)로 끝나는 문장. 그리고 그 끝나는 형태에 따라 말하는 이의 태도가 드러난다.

평서형, 의문형, 감탄형, 명령형, 청유형이 그것이다. 평서형은 평범하게 서술한다는 뜻으로 무언가 설명하는 문장 대부분에 사용하고, 마침표 혹은 온점(.)이라는 문장 부호를 쓴다. 의문형은 말 그대로 물을 때 사용하고, 물음표(?)를 쓴다. 감탄형은 느낌이나 감정을 표현할 때 사용하고, 느낌표(!)를 쓴다. 그런데 명령형과 청유형은 따로 문장 부호가 없다. 약한 것이면 마침표 혹은 온점(.)을, 강한 것이면 느낌표(!)를 사용한다. 예문을 들어 확인해 본다.

바람이 분다.
바람이 불어?
바람이 분다!
바람아 불어라. (약한 의미) / 바람아 불어라! (강한 의미)
바람아 같이 가자. (약한 의미) / 바람아 같이 가자! (강한 의미)

예문들에 숨어 있는 태도가 보이는가? 평서형은 담담한 사실을 전달하는 태도가 느껴진다. 의문형에는 왜 묻는지 알 수는 없지만 궁금해 하는 태도를 느낄 수 있다. 나머지도 마찬가지다.

이처럼 '다'에는 정보만이 아니라 '태도'도 들어 있다. 여기서 예를 든 평서형 등은 매우 협소한 분류다. 사람이 사람을 대하는 태도가 어찌 몇 가지 밖에 없겠는가. 천의 얼굴이라는 비유가 흔히 사용되는 것이 사람 아닌가. 아마도 천, 그 이상일 것이다.

문장에 태도가 드러나는 이유는 간단하다. 문장은 사람과 사람을 이어 주는 역할을 하기 때문이다.

말과 글은 반드시 듣는 사람, 읽는 사람이 있어야 한다. 그러므로 그 사람들에 대한 마음(태도)을 갖게 된다.

말하는/글을 쓰는 사람 —— 말/글 —— 듣는 사람/읽는 사람

말과 글은 사람과 사람 사이를 이어 주는 역할을 한다. 그리고 사람과 사람이 만나면 당연히 두 사람은 사람을 대하는 마음(태도)을 갖게 되는 것처럼 말과 글에도 그 마음(태도)이 나타나게 마련인 것이다. 평서, 의문, 감탄, 명령, 청유 등 서법은 겉으로 드러나는 마음(태도)들이다. 이를 실제 사람과의 만남에 비유하자면, 입은 옷이 정장인지 캐주얼인지, 운동복인지, 등산복인지 그런 정도의 겉모

습 구별일 것이다.

아무리 길어도 문장이다

문장 읽기가 어려운 이유 중의 하나는 문장이 길어서이다. 문장이 길어지면 무엇에 대한 이야기인지 파악하기도 힘들어지고, 무엇에 대해 뭐라고 하는지 알기도 어렵다. 그런데 아무리 긴 문장도 구조는 기본 문장과 똑같다. 새로운 것이 전혀 없다. 새로울 수도 없다. 그래서 기본 문장을 익히는 것이 더욱 중요하다. 여기서는 아무리 긴 문장이라도 기본 문장임을 살펴본다. 예문을 보자.

가. 아무리 길어도, 무엇이 무엇이다

무엇이 무엇이다, 이 기본 문장의 다양한 변화를 보자.

사과는 과일이다.
엄마는 사랑이다.

문장들이 짧다. '무엇'을 찾기 쉽고 무엇에 대해 '무엇이다'라고 하는지 쉽게 알 수 있다. 이런 이유로 짧은 문장이 좋다고들 한다. 하지만 무조건 짧은 것은 오히려 나쁘다. 길어야 한다면 길어야 한다. 모든 것은 다 적절해야 한다. 다음은 좀 긴 문장이다.

어제 산 사과는 먹어 본 과일 중에서 가장 맛있었던 과일이다.
나의, 너의, 우리들의 엄마는 나의, 너의, 우리들의 사랑이다.

보이는가? 문장이 길어진 건 '무엇'과 '무엇이다'에 대한 보조 정보가 추가되었다. 꾸며 주는 말이다. 이 정도 보조 정보는 그리 어렵지 않게 찾을 수 있다. 문제는 아주 많은 보조 정보다. 보조 정보 하나가 추가될 때마다 문장은 길어진다. 그러면 문장 읽기도 비례하여 어려워진다.

무엇에 대한 것뿐만 아니라 무엇에 대해 '무엇이다'라고 한 부분도 장식할 수 있어 얼마든지 길어질 수 있다. 어쨌거나 장식을 걷어 내면 앞에서 보았던 그 문장과 똑같다. 아무리 길어도 그 형태를 찾으면 문장을 읽기 쉬워진다. 문장 읽기가 어려워지면 기본 문장으로 돌아가야 한다. 특히 조건이 유난히 많아 더 이상 길어질 수 없을 만큼 긴, 법과 관련된 문서를 읽을 때는 기본 문장으로 돌아가야 할 것이다. 다음은 좀 긴 예문이다.

이는 2006. 1. 1.부터 시행된 구 지방세법 제258조 제1항 위임에 따라 경상북도는 2006. 3. 16. 전라남도는 2006. 4. 24. 각각 원자력발전을 지역개발세 과세대상으로 하고 부과대상지역을 해당 도내 전 지역으로 하는 내용의 조례 개정을 하였고, 부칙에서 그 부과시기를 '구 지방세법 시행 후 발전하는 분부터 적용한다.'고 규정하였는데, 이에 따라 각 과세관청이 원자력발전사업을 영위하는 갑 주식회사에 구 지방세법 시행일인 2006. 1. 1.부터 소급하여 원자력발전에 대한 지역개발세 부과처분을 한 사안에서, 위 각 부칙은 원자력발전에 대한 지역개발세 부과요건에 관한 규정을 그 시행시기 이전에 이미 종결한 과세요건사실에 소급하여 적용하도록 한 것이므로 무효라고 한 사례다.

놀랍게도 일단 한 문장이다. 얼핏 보거나 한 번 보아서는 알기 어렵다. 하지만 잘 보시라. 이 문장은 '무엇이 무엇이다'의 모양이다.

이는 무효라고 한 사례다.

즉, 이는 무효 사례라는 문장이다. 나머지는 무효인 이유를 설명하고 있다. 그러므로 이 문장은 아래와 같이 두 문장으로 하면 좋을 것이었다. 먼저, 간단하게 전달하고 싶은 내용을 전달하고, 그 이유를 설명하는 방식이다.

이는 무효 사례다. 왜냐하면 2006. 1. 1.부터 시행된 구 지방세법 제258조 제1항 위임에 따라 경상북도는 2006. 3. 16. 전라남도는 2006. 4. 24. 각각 원자력발전을 지역개발세 과세대상으로 하고 부과대상지역을 해당 도내 전 지역으로 하는 내용의 조례 개정을 하였고, 부칙에서 그 부과시기를 '구 지방세법 시행 후 발전하는 분부터 적용한다.'고 규정하였는데, 이에 따라 각 과세관청이 원자력발전사업을 영위하는 갑 주식회사에 구 지방세법 시행일인 2006. 1. 1.부터 소급하여 원자력발전에 대한 지역개발세 부과처분을 한 사안에서, 위 각 부칙은 원자력발전에 대한 지역개발세 부과요건에 관한 규정을 그 시행시기 이전에 이미 종결한 과세요건사실에 소급하여 적용하도록 한 것이기 때문이다.

이렇게 하면 읽기가 쉽다. 대상과 정보의 파악이 쉽기 때문이다. 이렇게 쓰지 않는 것이 아쉬울 뿐이다. 정부가 이렇게 쓰려고 노력한다고 하니 차차 나아질 것으로 기대한다. 그건 그렇고, 이 글의 핵심으로 돌아가면, 아무리 길어도 '무엇과 무엇이다'를 찾으면 쉽게 읽을 수 있다는 것이다. 긴 문장을 보면, 먼저 '무엇'과 '무엇이다'를 찾기 바란다.

나. 아무리 길어도, 무엇이 어찌하다

중요한 이야기는 앞에서 했으니 여기서는 예문 하나만 확인해 보자.

사과가 떨어졌다.

무엇과 무엇에 대해 뭐라고 하는지, 간단하게 구성된 문장이어서 이해가 쉽다. 어떤 이유가 되었든 이런저런 이유로 길어진 문장을 보자.

1년 전에 샀던, 아닌가, 2년 전이었던가, 하여간 예전에 길가에서 샀던 사과는 너무도 빨갛게 생겨서 먹기보다는 보관을 해야겠다는 생각이 먼저 들어서 먹지 않고 오랫동안 보관할 수 있도록 특수 처리를 하는 곳에 의뢰를 해서 그렇게 정성들여 잘 만들었는데, 그만 탁자에서 툭 떨어졌다.

앞이 복잡해서 무슨 이야기인가 싶었는데 다행히도 뒤는 간단해서 이해가 어렵지 않다. 앞의 이야기는 보관하기 위해 정성들여 만들었다는 것이고, 뒤 이야기는 그 사과가 탁자에서 떨어졌다는 것이다. 하여간 무엇과 뭐라고 하는지만 눈에 들어오면 된다. 그것은 사과는, 떨어졌다, 이 둘이다.

참고로 이런 문장이라면 좀 더 쉽게 읽힐 듯하다.

사과가 그만 탁자에서 툭 떨어졌다. 1년 전에 샀던, 아닌가, 2년 전이었던가, 하여간 예전에 길가에서 샀던 사과는 너무도 빨갛게 생겨서 먹기보다는 보관을 해야겠다는 생각이 먼저 들어서 먹지 않고 오랫동안 보관할 수 있도록 특수 처리를 하는 곳에 의뢰를 해서 그렇게 정성들여 잘 만들었던 사과였다.

다. 아무리 길어도, 무엇이 어떠하다

앞의 이야기와 같으니 역시 한 문장만 살펴보자.

사과가 빨갛다.

확실하게 들어오는 짧은 문장이다. 다음은 길어진 문장이다.

지난해 수확된 사과는, 처음엔 좀 이르게 수확된 것만 그런 줄 알았는데 그해 수확된 것은 모두, 단순히 빨갛다고 하기엔 부족한 느낌이 드는, 푸른빛도 띠었고, 어쩌면 광채도 더 나는 것이, 이래저래 한 마디로 표현하기가 어렵지만, 결국 이렇게 표현하는 수밖에 없는 듯, 빨갛다.

어쩌다 길어졌겠지만 결국 '사과가 빨갛다'는 '무엇이 어떠하다'의 기본 문장이라는 것이다. 만약, 무엇이 어떠하다는 문장의 기본 구조로 읽어 내지 못했다면 어떠하다가 아닌, 다른 이런저런 정보를 더 중요하게 생각할 수도 있다. 물론 앞의 이런저런 정보도 중요하지만 결국 그건 보조적인 정보다. 핵심적인 정보는 '사과가 빨갛다'는 것이다.

문장의 의미

문장에서 무엇을 찾고, '다'를 찾았다면 문장 읽기는 이미 다 했다. 그 순간, 문장의 의미도 파악된다. 이 글은 그 순간을 자세하게 살펴보기 위한 것이다. 100미터 달리기에서 결승선의 정확한 순간을 알기 위해 느린 화면으로 다시 보는 것과 비슷하다.

의미는 하나가 아니다.

이 말은 설명이 좀 필요하다. 일반적으로 문장의 의미는 하나여야 하기 때문이다. 예를 들어, '바람이 분다.'라는 문장을 보자. 이 문장의 의미는 '바람이 분다' 하나여야 한다. 어찌 다른 의미가 더 있겠는가? 그런데 그렇지 않다. 의미는 의(意)와 미(味)가 합쳐진 낱말이다. 운명이 운(運)과 명(命)을 같이 부르는 말이었지만 명(命)에 가까운 말이 되어 버린 것처럼, 의미도 '의(意)'만 남고 '미(味)'는 숨어 버렸다. 그럼, 의(意)는 무엇이고 미(味)는 무엇이란 말인가? 일단 사전적 정의부터 살펴보자.

   의미(意味) : 뜻. 글쓴이나 화자가 드러내는 것, 또는 읽은 이나 듣는 이에게 나타내는 것

  하고 싶은 말이 의미다. 의미에서 의(意)는 뜻이라는 말이니 이해할 수 있다. 그런데 미(味)는 무엇일까? 미는 맛이라는 뜻이 아닌가? 그런데 잠시 생각해 보면, 맛이 낯설지 않다. 누군가의 말을 듣거나, 어떤 글을 읽었을 때, 느낌이 있다는 것을 수없이 경험했기 때문이다.
  따뜻한 말 한 마디로 힘을 얻은 경험도 있고, 몹시 기분 나쁜 말로 하루 종일 우울했던 경험도 있었을 것이다. 그것이 맛이 아닐까? 그러니까 문장은 뜻도 있고, 맛도 있는 것이다. 그 맛의 정체는 무엇일까? 결론부터 말하자면, 맛은 말하는 사람의 태도에서 나온다. 듣는 이에 대한 말하는 이의 태도다. 읽는 이에 대한 글쓴이의 태도를 말한다.
  이는 앞서 '-다를 읽어라'에서 언급한 적이 있다. 평서형, 의문형,

감탄형, 명령형, 청유형 등이 바로 태도에 해당하는 것들이다. 물론 겉으로 드러나는 태도들의 유형이다. 숨은 유형이야말로 진짜 태도들이다. 예문을 보면서 태도를 살펴보자.

사과가 맛있다.

사과가 맛있다는 의(意, 뜻)가 있다. 이것은 앞에서 문장읽기에서 꼭 해야 하는 것을 한다면 읽어 낼 수 있는 것이다. 무엇인 사과를 찾아 읽고, '다'인 맛있다를 찾아 읽은 결과다.

그렇다면 미(味)는 무엇일까? 그런 느낌이 있을 수 있겠다. 사과가 맛있다. 그래서 더 먹고 싶다. 뭐, 그런 느낌이 없어도 그만이다. 그 맛은 문장에 나타나 있지 않으니 그 맛을 읽어 내야 하는 것은 아니다. 그렇지만 그런 태도가 문장에 드러나 있으면 읽어 줘야 한다.

그는 욕을 내뱉었다.

욕을 했다는 정보(의(意), 뜻)는 당연히 읽어야 한다. 거기에 그가 대단히 불만스런 상태라는 것도 읽어야 한다. 이렇게 표면에 드러나지 않아도 읽어 내면 좋다. 개떡 같이 말해도 찰떡 같이 알아들으면 더 없이 좋다.

사람들이 하나 둘씩 자리를 뜨기 시작했다.

어떤 이유 때문인지 알 수 없으나 '사람들이 자리를 떠나가기 시작했다'는 사실을 읽는 것은 기본이다. 여기에 사람들이 자리를 뜰 수밖에 없는 상황을 알리고 싶어 하는 마음을 눈치 채면 더 좋다.

글

4장
줄글을 읽는 여정

글의 종류

글은 한 단어 이상으로 이루어져 하고 싶은 말이 담긴 것을 말한다. 경제협력개발기구(OECD)에서 캐나다 통계청과 함께 시행한 국제성인문해능력조사(IALS)에서는 글을 산문글, 문서글, 수량글로 구분한다. 산문글, 문서글, 수량글 등 글을 읽어 낼 수 있는 문해 능력의 설명은 다음과 같다.

산문글 문해 능력 : 논설, 기사, 시, 소설을 포함하는 텍스트 정보를 이해하고 사용하는 데 필요한 지식과 기술

문서글 문해 능력 : 구직 원서, 급여 양식, 대중교통 시간표, 지도, 표, 그래프, 의약품 설명서 등 다양한 문서에 포함되어 있는 정보를 찾고 사용하는 데 필요한 지식과 기술

수량글 문해 능력 : 금전 출납, 팁 계산, 주문 양식 완성, 대출 이자 계산, 연말 정산, 예산 결산표 등 인쇄된 자료에 포함된 숫자를 계산하거나 수학 공식을 적용하는 데 필요한 지식과 기술

이를 우리가 이해하기 편하게 다시 정리하면 산문글은 보통 줄이를 우리가 이해하기 편하게 다시 정리하면 산문글은 보통 줄글이라고 부르는 것이고, 문서글은 자주 쓰기 내용을 항목별로 구분

해서 이해하기 쉽게 만든 양식이 있는 것을 말하며, 수량글은 수와 식이 포함된 것을 말한다.

국제성인문해능력조사(IALS)에서 구분한 글의 종류는 우리의 구분과 조금 달라서 우리가 사용하는 개념으로 대체할 필요가 있다. 다행히도 산문글은 줄글로, 문서글은 문서로 이해하면 된다. 그런데 수량글은 우리가 사용하는 낱말이 아니어서 우리말에 가까운 말로 바꿔 사용해야 할 것 같다.

수량글이 글인 이유는 수량이 줄글과 함께 사용하기 때문이다. 수량만 다룬다면 그것은 우리가 알고 있는 수학이 될 것이다. 한편, 국제성인문해능력조사(IALS)는 수리적인 요소가 적은 표와 그래프를 문서글로 구분했다. 하지만 우리는 표와 그래프를 보통 수리적인 요소로 사용하기 때문에 문서글에서 표와 그래프를 따로 구분할 필요가 있다. 용어 사용의 편리를 위한 것이지 글을 구분하는 것이 중요한 것이 아니므로 용어의 혼돈만 피하면 될 것이다. 이 책에서는 산문글, 문서글, 수량글의 구분 대신에 우리가 주로 사용하는 용어인 줄글, 문서, 표와 그래프로 부르며 살펴볼 예정이다.

읽기의 과정

과학의 세계는 경험 너머에 있다. 개별적인 경험에서 원칙을 발견한 것이다. 많은 것들이 과학의 세계로 넘어왔다. 가장 대표적인 것이 의학이다. 인간의 몸은 과학의 세계로 넘어와 질병에서 벗어나는 것은 물론 수명까지 크게 늘었다. 위생과 함께 의학 덕이 크다. 그러나 여전히 경험의 세계에 머물러 있는 것들이 많다. 읽기도 그 중의 하나다.

읽기 능력은 사람마다 다르다. 사람마다 경험이 다르기 때문이다. 어느 누구는 운 좋게도 좋은 선생님을 만나 읽기 능력을 갖춘다. 혹은 재미있는 책을 읽다 보니 어느새 읽기 능력을 갖춘 사람도 있다. 어쨌거나 그런 사람들은 행운아다. 그런데 정말 안타까운 것은 그렇지 못한 사람이 행운아보다 훨씬 많다는 것이다.

게다가 이 읽기 능력을 갖추고 나면 행운아는 더 행운아로, 그렇지 않은 사람은 더 불편한 삶을 살아갈 가능성이 높아진다. 아시다시피 현대는 평생학습의 시대로 누구나 한 평생 공부하며 살아간다. 누구나 의학의 혜택을 보게 된 것처럼, 이제 누구나 읽기 능력을 갖춰야 한다. 의료가 삶을 기본인 것처럼 문해 능력도 삶의 기본이기 때문이다.

이미 언어학의 선구자들이 개척해 놓았다. 음성학에서 시작해 이제 의미론까지 연구 범위가 확장되었다. 복잡한 이야기는 학자들에게 맡기고 우리는 학자들의 연구 성과를 활용하면 된다. 다음은 학자들이 충분히 설명할 수 있는 읽기의 과정이다.

제목 읽기

한 문장 읽기

두 문장 읽기

한 문단 읽기

두 문단 읽기

한 단락 읽기

두 단락 읽기

글 한 편 읽기

이 과정이 표준화될 수 없을지도 모르겠다. 하지만 적어도 개별화된 경험은 아니다. 누구든지 이해할 수 있는 과정이다. 이 과정을 통해 누구나 공부할 수 있어야 한다. 표준화된 읽기 과정을 이해하고, 익히면 된다. 제목 읽기에서 글 한 편 읽기까지 8개의 표준화된 과정을 익히면 누구나 읽기 능력을 갖추게 될 것이다.

줄글의 모양

줄글은 다음 쪽에서 보듯이 생겼다. 처음엔 이렇게 생기지 않았다. 가장 큰 변화는 띄어쓰기가 생긴 것이다. 종이가 귀한 시절에는 띄어쓰기가 없었다. 우리글도 마찬가지였다. 종이 생산이 늘어나

```
              제 목
                        글쓴이


    본문    단락    문단    문장 문장 문장
                   문단    문장 문장 문장
                   문단    문장 문장 문장
           단락    문단    문장 문장 문장
                   문단    문장 문장 문장
                   문단    문장 문장 문장
           단락    문단    문장 문장 문장
                   문단    문장 문장 문장
                   문단    문장 문장 문장
```

면서 더 보기 좋게 띄어쓰기가 도입된 것이다. 전자 화면의 등장으로 종이의 부족은 사라졌으니 앞으로 또 어떤 모양으로 변할지 궁금하다. 분명히 더 편리하게 변신할 것이다. 다시 줄글을 보자. 그저 늘 보던 것을 다시 한 번 낯설게 보면 새롭다. 한 번씩 보면서 글을 명상해 보는 것도 읽는다는 행위를 이해하는 데 도움이 될 수 있을 것이다. 다음은 줄글 읽기의 순서다.

줄글 읽기1 – 제목 읽기

모든 글에는 제목이 있다. 제목이 없으면 무제(無題)라는 제목이라도 붙인다. 그렇게 세상에는 제목 없는 글은 없다. 그런데 왜 모든 글에는 제목이 있는 것일까? 필요하기 때문이다. 어떤 필요일까? 제목 이야기를 해 보자.

가. 제목에는 마침표가 없다

제목에는 마침표가 없다. 만약 마침표가 있는 제목을 보았다면 그건 잘못 쓰이거나 다른 의도가 있을 것이다. 제목에는 마침표를 쓰지 않기로 약속했기 때문이다. 제목은 이야기의 시작이니 마침표를 찍지 말자고 했다고 한다. 참으로 운치 있는 이야기다. 마침표는 무엇인가 끝나는 것을 나타내니 적절한 약속이기도 하다.

나. 제목은 주제다

주제란 글쓴이가 하고 싶은 말이다. 글을 쓰는 목적이기도 하다. 주제를 전달하려고 쓰는 것이 글이기 때문이다. 제목은 글의 주제를 담고 있다. 그래서 제목을 보면 글의 주제를 알 수 있거나 추측

할 수 있어야 한다. 그러나 현실은 그렇지 않다. 제목이 제 역할에 충실하지 못하고 유행에 민감하다. 독자의 관심을 끌어야 하니 책의 내용보다 독자의 마음을 사로잡을 제목을 짓는 것이 현실적으로 더 중요하기 때문인 것은 이해할 수 있다. 어쨌거나 제목은 주제를 담아야 한다. 전체를 다 담을 수도 있고, 부분만 담을 수도 있고, 비유적으로 담을 수도 있다. 여러 제목을 살펴보자.

우리 모두 통일에 힘쓰자
통일, 하루 빨리
우리의 우물

먼저 '우리 모두 통일에 힘쓰자'처럼 글의 주제를 다 담은 제목은 글을 이미 다 읽은 것과 다름이 없을 정도로 하고 싶은 말을 제목으로 했다. 사실상 글의 주제만 알리는 것이라면 더 읽을 필요는 없다. 하지만 글은 단순히 주제만 읽어서는 그 뜻을 충분히 이해할 수 없기 때문에 글 전체를 다 읽게 마련이다. 그때 제목은 글을 읽어 가는 이정표 역할을 한다. 그런 의미에서 주제가 온전히 드러난 제목에서 친절함을 느낀다.

'통일, 하루 빨리'처럼 주제의 일부분을 담은 제목은 간결한 정보를 담고 있기 때문에 기억하기 쉽고 이해하기 쉽다. 그래서 매우 뚜

렷한 이정표 하나를 손에 가지고 글 속으로 들어가는 것과 비슷하다. 또 온전한 뜻을 담은 문장이 아니고 정보의 일부만을 알고 있는 것이어서 나머지 정보에 대한 호기심을 유발하기도 한다. 하지만 정보 전달의 관점으로 본다면 온전하지 않은 정보이기 때문에 빨리 주제를 알고 싶은 독자에겐 달갑지 않다.

마지막으로, 통일을 마르지 않는 우물에 비유한 '우리의 우물'같은 제목은 처음엔 직접적인 표현이 아니어서 답답할 수 있지만 읽고 나면 여운이 남는다. 직접적인 것보다 간접적인 표현이 울림이 더 있는 이유다. 보통 문학 작품에 사용한다. 실용문은 아무래도 직접적인 제목이 필요할 게다.

어쨌거나 제목은 주제와 관련 있다. 글을 읽는 목적은 글쓴이의 의도, 즉 주제를 파악하는 것이 가장 기본이다. 그러기 때문에 주제와 관련이 깊은 제목을 스쳐 지나는 것은 바람직하지 않다. 글 속의 다른 문장보다는 좀 더 진지하게 볼 필요가 있다.

다. 문장형 제목

제목 유형은 세 가지다. 먼저 '우리 모두 통일에 힘쓰자'처럼 주제를 다 담은 문장형이 있다. 이 유형의 제목은 문장처럼 읽으면 된다. 다만 아래 문장처럼 변형되기도 한다. '다'가 아니라 명사형으로 끝낸 것이다. 예를 들어 보자.

통일에 힘쓰는 우리

문장형 제목보다 조금 부드럽지 않은가? '다'는 분명해서 딱딱한 느낌이 난다. 하지만 명사형으로 끝나는 제목은 그 딱딱함이 줄어든다. 그건 그렇고, 이런 유형의 제목을 읽을 때 주의해야 할 점은 부드러움이 아니다. 문장의 경우에는 대상과 정보를 분명하게 구별할 수 있다. 그래서 뜻을 쉽게 이해할 수 있다. 하지만 '다'로 끝나는 문장 형태를 명사형으로 변형하면 대상과 정보를 구별하기 힘들어진다. 어렵기보다 낯설기 때문이다. 그래서 이 변형을 익혀야 한다. 예를 들어 보자.

우리 모두 통일에 힘쓰자
⋯▶ 통일에 힘쓰는 우리

민주주의가 모두 잘 사는 길이다
⋯▶ 모두가 잘 사는 길, 민주주의

대한민국이 자랑스럽다

⋯▶ 자랑스러운 대한민국

결국 대상이 명사형이 되는 것을 알 수 있다. '무엇이 무엇이다'의 문장 유형은 정보를 먼저 쓰고 대상을 끝에 써서 마무리하고, '무엇이 어찌하다', '무엇이 어떠하다' 유형은 모두 대상을 꾸며 주는 형태가 된다. 다음은 부분 주제형 제목이다.

라. 부분 주제형 제목

우리
통일에 힘쓰자

예를 좀 더 들어 보자.

민주주의
모두가 잘 사는 길
대한민국
자랑스러움

제목으로 적절하지는 않지만 유형을 표현하기 위해 가능한 제목을 모두 넣어 보았다. '우리'나 '자랑스러움' 같은 제목은 의미를 담기도 대상을 나타내기도 어려워서 제목으로 적절하지 않다. 어쨌거나 이 유형의 제목에는 대상이나 정보 하나만 표현되는 것이 특징이다. 이때 제목이 대상인지 정보인지 확실하게 구별할 수 없을 수 있으나 대체로 명사는 대상, 동사나 형용사는 정보임을 알 수 있다. 다음은 비유형이다.

마. 비유형 제목

우리의 우물
소나기

그런데 어떤 대상이나 정보를 어떤 것에 비유하는 방법은 무한하기 때문에 비유적인 제목을 보고 주제를 짐작하기란 매우 힘들다. 그러므로 문학 작품처럼 감상이 목적인 글에 주로 사용하고, 쉽고 자세하게 설명해야 하는 실용문에서는 사용하기 힘든 제목이다.

줄글 읽기2 - 한 문장 읽기

제목을 읽고 글쓴이가 하고 싶은 말을 짐작하고 나서 다음에 할 일은 간격을 두고 바로 이어지는 첫 문장을 읽는 일이다. 그렇게 첫 문장을 읽기 시작해서 마지막 문장까지 읽어 나가게 된다. 결국 글읽기는 모든 문장을 읽는 과정이기도 하다. 그러므로 너무도 당연해서 언급할 필요도 없을 정도지만 글읽기에서 문장을 읽는 일은 기본이면서 매우 중요한 일이다.

하지만 현실에서 문장은 가볍게 취급된다. 이 책에서 문장읽기를 따로 다뤘을 만큼 중요하지만, 많은 사람들이 글읽기의 기본인 문장 읽기를 제대로 하지 않는다. 문장 하나하나를 잘 읽고 그 뜻을 헤아리려 하지 않는다. 그저 문장을 쭉 훑어보고 만다.

그 광경은 버스를 타고 가면서 차창 밖으로 보이는 거리를 보는 것과 비슷하다. 물론 버스를 타고 가면서 차창 밖을 모두 자세히 볼 필요는 없다. 그러나 만약 어디를 찾아가야 하는 경우라면 다르다. 찾아가는 과정에서 필요한 중요 이정표나 건물 등을 확인하면서 가야 한다. 마찬가지로 그저 편안하게 독서를 즐긴다면 버스 차창을 여유 있게 보는 것처럼 책을 보면 된다. 하지만 중요한 내용이라면 그렇게 보아서는 안 된다. 걸어서 길을 찾아가는 것처럼 문장 하나하나를 모두 정확하게 이해해야 한다.

그런데 이미 앞에서 살펴보았듯이 모든 문장을 온전히 읽을 수 있는 일은 그리 쉬운 일이 아니다. 매우 다양한 문장의 형태를 빨리 알아차리고, 거기서 정확한 뜻을 이해해야 한다. 거기에 모르는 낱말이 있을 수 있고, 이해하지 못하는 문법이 있을 수 있고, 아무리 찾아도 대상이 보이지 않을 수도 있다. 하여간 이런저런 이유로 문장을 제대로 읽지 않는 경우가 많다. 그러나 그것이 공부처럼 중요한 내용을 읽는 것이라면, 결코 그래서는 책을 통해 얻고 싶은 정보를 얻기 힘들 것이다. 분명코 문장 하나하나를 확실하게 읽어야 한다. 그래서 문장을 제대로 읽는 방법을 별도로 분리해서 자세히 설명한 것이다. 다음 단계로 넘어가기 전에 '한 문장 읽기'를 충분히 경험할 것을 당부한다.

줄글 읽기3 - 두 문장 읽기

행간을 읽어라! 책 읽기에 빠지지 않는 조언이다. 그런데 이 말은 좀 고약한 면이 있다. 어떻게 읽으라는 구체적인 조언을 찾기 어렵기 때문이다. 결국 행간을 어떻게 읽어야 하는지 모른 채 손 놓고 있을 수밖에 없다. 라면을 끓일 때 550ml의 물을 넣고 끓으면 면과 스프를 넣으라는 것처럼 행간을 어떻게 읽으라는 구체적인 조언을 찾기 어렵기 때문이다. 그저 행간이 읽히기만을 기다릴 뿐이다.

살다 보면 자연스럽게 알게 되는 것처럼 그것이 넓은 의미로 문맥이라는 것을 알게 된다. 문장과 문장 사이에 보이지 않는 말이 있다는 것을 여러 번 경험하게 되면서 알게 되는 것이다. 두 문장 사이에는 어떤 말로도 표현할 수 없는 의미가 있다. 그렇게 어느 순간부터 자연스럽게 문장 사이를 읽게 되고 그것이 확장되어 문단과 문단의 사이도, 단락과 단락 사이도 읽게 된다. 넓은 의미의 행간들이다. 물론 읽히지 않는 행간들도 있다. 예를 들어 본다.

나는 생각한다. 고로 존재한다.

이 두 문장 사이는 읽기가 쉽지 않다. 이런 경우에는 여전히 예전의 답답함이 되살아난다. 행간을 읽으라고 하는데 어떻게 읽어야 하지? 이 문장 사이를 읽어 내려면 데카르트를 공부해야만 가능한 것인가? 그런 생각이 든다.

행간, 문장 사이 등은 모두 문맥의 다른 이름일 것이다. 문맥은 좁게 보면 두 글 사이에 있는 말이고, 넓게 보면 두 글 사이의 논리다. 문맥은 가만히 들여다보면 보이는 경우가 많다. 그래서 읽고 또 읽다 보면 그것이 보이기 때문에 '백 번 읽으라'는 조언도 있고, 문리가 터질 때까지 읽으라는 조언이 있는 것이 아닌가 싶다.

그러나 하루가 몹시 바쁜 오늘날은 그렇게 할 수 있는 상황이 아니다. 그래서 문맥 읽는 법을 배워두는 것이 좋다. 다만 무조건 많이 읽어서 알게 되는 방법을 권장하는 일은 피해야 할 것이다.

문맥 읽기는 그런 의미에서 필요한 과학적 접근이다. 문맥이 어떻게 발생하고, 그 문맥은 글에서 어떤 역할을 하는지, 그런 것을 알면 항상 같은 결과를 내는 문맥 읽기를 할 수 있을지도 모른다. 물론 언어인 만큼 수학이나 과학처럼 수량화할 수 없는 것이 아쉽지만 최소한 경험으로 얻어진 감각에만 의존하는 문맥 읽기는 피할 수 있을 것이다. 하나씩 살펴보자.

가. 문맥의 정의

문맥 : 문장과 문장이 이어지면서 전달되는 중심적인 의미나 논리적 연관 관계. 글에 표현된 의미의 앞뒤 연결

사전적 정의가 좀 딱딱해서 흔히 쓰는 말로 덧붙이자면 글에 표현된 의미의 앞뒤 연결, 이 정도가 어떨까 싶다. 또 이해를 위해 덧붙이자면 낱말과 낱말, 구와 구, 절과 절, 문장과 문장, 문단과 문단, 단락과 단락 사이에는 의미의 빈 간격이 있게 마련인데 글쓴이가 그 간격을 모두 채울 수는 없다. 그러므로 꼭 필요한 것이 아니고서는 읽는 사람이 채워야 하는데 그 채울 수 있는 의미, 그것이 문맥이다. 다시 말하자면 문맥이란 낱말과 낱말, 구와 구, 절과 절, 문장과 문장, 문단과 문단, 단락과 단락 사이에 채워야 할 논리적 이유

다. 예문을 보자.

해가 서쪽에서 떴다.

이상하다. 옳지 않다. 해가 뜨는 곳은 동쪽이기 때문이다. 올바르지 못한 문장이 된다. 문맥이 자연스럽지 못하면 재미있는 경우도 생긴다. 예를 보자.

공중에서 물건을 놓으면 하늘로 올라간다.
눈을 감았다. 그리고 책을 보았다.

나. 기본 문맥

문맥은 앞뒤 글을 자연스럽게 만드는 무엇이다. 보통 논리라고 하지만 문맥은 논리의 범위를 넘는다. 단순히 사실 판단의 문제가 아니라 감정을 포함해서 거의 모든 관계가 나타나기 때문이다. 굳이 적절한 용어를 찾아보면 사리(事理)가 어떨까 싶다. 사리(事理)는 모든 일이 그렇게 되는 이유를 뜻한다. 예를 보자.

비가 온다. 그래서 우산을 썼다.

앞뒤 관계가 자연스럽다. 비가 오는데, 그 비를 맞으면 옷이 젖게 되고 감기에 걸릴 수도 있기 때문에 비를 피하기 위해 우산을 쓰는 것은 충분히 이해된다. 그런데 정반대의 경우도 가능하다. 물론 그 이유가 충분해야 한다. 예를 보자.

드디어 비가 온다. 우산을 쓰지 않았다.

이 두 문장의 표현은 앞의 예문과 크게 다르지 않다. '드디어'라는 낱말을 빼면 사실 똑같은 글이다. 그런데 이 예문도 이해하기 어려운 것은 아니다. '드디어'라는 낱말 때문이다. 비가 오지 않아 비를 몹시 기다렸나 보다. 그렇게 '드디어' 비가 오니 그 기쁨을 만끽하기 위해 우산을 쓰지 않고 온 몸으로 그 기쁨을 맛본 것이라고 이해할 수 있다. 심지어는 '드디어'가 없어도 이해가 불가능한 것은 아니다.

비가 온다. 우산을 쓰지 않았다.

비가 오는데 우산을 쓰지 않네? 무슨 이유가 있을까? 이유를 알 수 없지만 무슨 이유가 있는 것은 분명하다. 이렇게 정반대의 표현도 가능한 것이 문맥이다. 아무리 이해하기 힘든 글도 이해하지 못하는 것일 뿐 다른 사람은 이해할 수 있는 것일 수도 있다. 극한 상황을 경험한 사람이 '겪어 보지 않은 사람은 이해하기 힘들겠지만'이라고 말을 하는데, 이 표현이 이에 해당한다. 다시 한 번 말하지만 문맥의 기본은 사리에 맞는가에 있다. 그리고 믿기 힘들더라도 우리가 알지 못하는 사리가 있다는 것을 잊지 말아야 한다. 그러므로 우리가 모르는 사리를 포함한다면, 문맥이 자연스러운 경우는 사실상 무한하다.

다. 문맥의 종류

아무리 문맥의 종류가 무한하다고 해도 구분해 볼 수는 있을 것이다. 그리고 믿기 힘들겠지만 무한에 가까운 문맥의 결과는 세 가지 밖에 없다. 더 좁히면 두 가지다. 지구에는 온갖 동물이 있는데 그 많은 동물이 암수로 되어 있는 것과 비슷하다. 예를 들자.

비가 온다. 우산을 썼다.
비가 온다. 장맛비다.
비가 온다. 내 마음에도 비가 온다.

첫 번째 글은 비가 와서 우산을 썼다는 의미다. 이 글이 이해가 되는 것은 앞에서 밝혔다. 충분히 이해할 수 있다. 두 번째 글은 비가 오는데 그 비가 장맛비라는 의미다. 이 글은 앞 문장의 비가 장맛비라는 것을 뒤에 오는 문장에서 알려 주려고 했다는 것으로 이해할 수 있다. 세 번째 글은 비가 오는데 내 마음에도 비가 온다는 의미다. 이때 비는 진짜 비는 아니다. 비가 마음속에 내릴 수 없기 때문이다. 지금 비가 내리는 것처럼 내 마음에도 비가 내리는 것을 표현하려고 했다고 이해할 수 있다.

이제 세 가지 문맥의 종류를 설명하기 위해 글을 결과 중심으로 살펴보자. 첫 번째 글은 앞 문장이 원인이 되어 뒷 문장의 결과가 되었다는 표현이다. 즉 뒤에 오는 문장은 앞 문장에서 이어지고, 결과는 뒷 문장의 의미를 전달하려는 것이다. 두 번째 글은 앞 문장의 의미를 전달하려고 했는데 앞 문장의 의미 일부분인 '비'를 알려 줘야겠다는 생각이 담겨 있다. '비'를 이해하지 못하는 경우 다음 문장을 이해하기 어렵기 때문이다. 세 번째 글은 앞 문장과 뒷 문장의 의미가 대등하다는 것을 표현한다. 밖에 비가 오는 것과 내 마음에 비가 오는 것은 독립적이며 대등하다. 한 문장으로 만들어 보면 쉽게 이해된다.

이렇게 문맥은 위 세 가지로 앞 문장에서 뒷 문장으로 이동하여 의미를 전달하는 방식과 앞 문장의 부분 정보를 제시하여 앞 문장의 의미를 충분히 전달하는 방식, 그리고 앞 문장과 대등하게 의미를 전달하는 방식이 있다. 그리고 어떤 문맥도 이 세 가지에서 벗어나지 않는다.

참고로 문맥이라는 낱말보다 더 자주 쓰이는 말이 있다. 국어 시간에 정말 많이도 본 낱말들이다. 예를 들자.

인과 : 원인과 결과
대등 : 서로 동등
전환 : 앞과 달라짐
과정 : 처음부터 끝까지 변화의 동등한 단계
상술 : 자세하게 설명
부연 : 덧붙여 설명
예시 : 예를 듦

문맥은 이밖에도 얼마든지 더 있다. 하지만 그걸 다 알고 있어야만 글을 읽을 수 있는 것이 아니어서 더 많은 논리 관계를 나열할 필요는 없을 것이다. 우선 위에서 나온 것 중에서 몇 가지만 살펴보자.

• 인과 : 원인과 결과

이는 세상에 가장 많이 나타나는 관계다. 인과 관계는 '아니 땐 굴뚝에 연기 나랴'처럼 속담이 되어 전달되는 인류의 지혜이기도 하다. 그런데 문제는 인과 관계인지 모를 때도 있다. 예를 든다.

어떤 사물은 빛을 반사한다. 그래서 그 사물은 검게 보인다.

그럴 듯하다. 하지만 이것은 사실과 다르다. 어떤 사물이 빛을 반사해서 검게 보이는 것이 아니라 빛을 흡수해서 검게 보이는 것이다. 빛의 반사와 보이는 색과의 이 관계를 많이 알고 있지만, 모르는 사람도 있을 수 있다. 그런데 두 문장은 원인과 결과의 관계다. 그 내용을 확실하게 파악하지 않고 논리 관계만 받아들인다면 잘못된 정보를 받아들이게 될 것이다. 그런 경우는 글을 읽지 않음만 못하다. 새로운 인과 관계를 접하면 내용을 확실하게 파악해야 한다. 문맥을 정확하게 파악해야 할 이유 중의 하나다. 자세한 설명이 없거나 혹은 있더라도 이해하기 힘든 문맥이라면 그 정보를 받아들이는 것은 유보해야 한다. 문맥의 예를 하나 더 보자.

- 대등 : 서로 동등

서로 동등한 관계다. 동등하다는 것은 어느 하나가 더 중요하다면 다른 하나도 그만큼 중요하다는 것이다. 그러니 대등한 문맥이라고 하면 앞뒤 글의 중요도가 같다는 것이다. 전달하고 싶은 것 역시 더 중요한 한 가지가 아니라 두 글 모두 전달하고 싶은 것이다.

예를 들면,

햇살이 뜨겁다. 바람이 분다.

위 두 문장은 어떤 논리적 연관 관계에 있을까? 인과 관계는 분명 아니다. 햇살이 뜨거워서 바람이 부는 것은 아니기 때문이다. 그렇다면 어떤 논리적 연관 관계일까? 아무리 봐도 두 문장은 서로 직접 연관은 없다. 각각 햇살 이야기와 바람 이야기다. 그런데 좀 더 범위를 넓히면 그 둘은 관계가 있다. 둘 다 같은 시공간에서 독립적으로 벌어진 사건이라는 공통점이 있다. 그것이 둘의 관계다. 만약, 같은 시공간에 없었다면 둘은 서로 전혀 관계없다. 우리는 그런 관계를 대등한 관계라고 표현한다. 또 다른 예문을 보자.

2000년 늦은 봄, 비가 왔다. 그 비가 나의 반쪽을 만나게 해 주었다.

이 두 문장은 어떤 관계가 있을까? 둘 다 '비'라는 공통 요소가 있다. 앞 문장은 '2000년 늦은 봄'과 연결되어 있고, 뒤에 있는 문장은 '나의 반쪽과의 만남'과 연결되어 있다. 2000년 – 비 – 나의 반쪽, 이렇게 '비'는 두 문장의 연결 고리다. 그래서 분명 서로 관계가 있다. 그럼 두 문장은 서로 어떤 관계라고 해야 할까? 위에서 예로 든 여러 관계에서 찾아보아도 마땅한 것이 없다. 분명히 관계는 있는데 그 관계를 표현하는 말은 적당한 것이 없다. 일상에서 쓰는 대부분의 두 문장은 위 예문처럼 이름 없는 논리적 연관 관계에 있다.

이상으로 몇 가지 대표적인 문맥을 살펴보았다. 그런데 오히려 논리적 연관 관계에 이름을 붙일 수 있는 경우는 드문 경우다. 이름 붙이기 힘든 논리 관계가 더 많기 때문이다. 어쨌든 다행인 건 그 결과가 세 가지라는 것이다. 만약 이 세 가지에 해당하지 않는다면 문맥이 자연스럽지 않은 것이다. 만약 그런 문장을 만나면 이해하려 애쓰지 않는 것이 좋다. 어차피 이해할 수 없는 것이기 때문이다.

줄글 읽기4 – 한 문단 읽기

문단 : 글을 내용이나 형식을 중심으로 크게 끊어 나눈 단위

문단은 글 전체의 한 부분으로, 들여쓰기로 구분한다. 글을 이루는 요소에는 문장, 문단, 단락이 있는데, 이 중의 하나가 문단이다. 학교 문법에서 다루는 용어라 익숙할 것이다.

그런데 문단이라는 용어를 사용한 것은 그리 오래된 것이 아니다. 우리에겐 '심청이가 인당수에 몸을 던지는 대목, 흥부가 박을 타는 대목'처럼 '대목'이라는 말이 더 이해하기 쉽다. 이는 드라마

에서 아주 쉽게 확인할 수 있다. 드라마는 1회 방송에서 이야기를 완전히 마무리하지 않는다. 드라마 전체로 보면 드라마가 모두 끝나야 이야기가 마무리되지만, 1회 방송에서는 전체 이야기 중의 작은 사건 하나가 마무리된다. 물론 마지막엔 또 다른 사건이 발생해서 다음 이야기로 넘어간다. 그래야 궁금해서 드라마를 기다리고, 그래야 계속 보고 싶어지기 때문이다. 대목은 이런 드라마의 구조와 비슷하다. 우리의 대목에도 이런저런 작은 사건들이 들어있게 마련이다. 하지만 하나의 이야기는 마무리되어야 하므로 우리는 이 작은 사건들을 구분하지는 않는다. 이러저러해서 이렇게 되었다고 이야기하고 듣는 데 익숙하기 때문이다. 처음, 중간, 끝 정도의 구분이면 충분하다.

그런데 문단은 작은 사건들을 구분한다. 우리 몸에 맞지 않는다고 한 것은 이것을 두고 한 것이다. 그래서 문단이 불편하다. 하지만 이미 양복이 우리 옷이 된 것처럼 문단도 이제 양식이 되었다. 아마도 좀 더 지나야 익숙해질까 싶지만 이제는 의식적으로 문단을 찾아 써야 하지 않을까 싶다. 하여간 현재 우리가 사용하는 문단은 큰 사건 속의 작은 사건, 큰 이야기 속에 작은 이야기를 담고 있다. 다행히 문단에도 우리의 대목 개념에 해당하는 것은 있다. 우리가 내용 문단이라고 부르는 것이다.

형식 문단 : 줄이 바뀌고 첫 칸이 빈 상태로 시작되는, 들여쓰기가 된 곳에서부터 또 다시 들여쓰기를 한 줄이 나오기 전까지로 이루어진 문단
내용 문단 : 내용상 서로 연관이 있는 형식 문단을 하나로 묶어 부르는 문단

내용 문단은 정의에서도 알 수 있듯이 형식 문단처럼 명확한 구분 기준이 없다. 내용상 서로 연관이 있는 형식 문단을 하나로 묶어 부르는 이름이다. 내용상 서로 연관이 있다는 것이 기준이 되기는 하지만 형식 문단의 들여쓰기처럼 명백하게 누구든지 구별할 수 있는 기준이 되지 못한다. 그래서 내용 문단을 구분하는 일은 간단하지 않다. 그런데 글을 읽을 때 내용 문단을 구분하지 못하면 무슨 얘기인지 이해하지 못할 때가 많기 때문에 글을 읽으면서 내용 문단을 구분해야만 한다. 내용 문단을 어떻게 구분할 것인가, 이것이 이 글에서 하고 싶은 말이다.

여기 자전거 한 대가 있다고 하자. 전체는 자전거다. 이 자전거를 몇 개의 큰 부분으로 나눌 수 있을까? 보통 핸들, 안장, 차축, 페달, 바퀴로 나눌 수 있다. 이렇게 큰 부분을 글에서는 단락이라고 한다.
그런데 큰 부분에는 여러 작은 부분들이 있다. 핸들을 예로 든다면, 먼저 핸들 막대 부분이 있고, 브레이크를 잡을 수 있는 손잡이

부분이 있고, 경고음을 낼 수 있는 부분이 있을 수 있고, 다른 장치도 있다. 그러니까 자전거 전체에 핸들이라고 하는 큰 부분이 있고, 그 핸들이라고 하는 큰 부분에 여러 작은 부분들이 있다. 물론 그 여러 작은 부분들에 또 더 작은 부분들이 있다.

이를 글에 비유하면, 자전거 전체는 글 전체, 핸들 등 큰 부분은 단락, 핸들 등 큰 부분 속에 있는 작은 부분들이 문단이다. 그 문단들 중에서 공통 요소가 있어서 묶어서 부를 수 있다면 그것을 우리는 내용 문단이라고 부른다. 같은 범위에 있는 글인 셈이다.

이제 이를 구분해 보는 연습을 해 보자. 먼저, 다음 물건 중에서 전체와 부분을 구분해 보자. 여기서 구분은 일반적인 기준이다. 어떤 사람은 이 기준과 전혀 다른 독특한 기준을 제시할 수도 있을 것이다.

연필, 지우개, 볼펜, 샤프, 필통

위에 예로 든 물건을 모두 한꺼번에 묶을 수 있는 기준이 있을까? 아마도 발견했을 것이다. 문방구다. 사무용품이라고 불러도 좋다. 그렇다면 위 물건들을 구분해 볼 수 있을까? 연필, 볼펜, 샤프와 같은 필기구와 지우개, 그리고 필통으로 구분할 수 있다. 여기에서처럼 연필, 볼펜, 샤프 등 필기구로 묶을 수 있는 부분이 내용 문단이다.

한 문단 읽기는 두 문장 읽기의 연속이다. 한 문단에 있는 모든 문장을 읽고 나면 주제 문장이 드러나야 한다. 그 크기가 적당해야 하는데, 우리의 대목 개념에서 볼 때 형식 문단은 크기가 너무 작다. 그래서 전체적인 윤곽을 파악하려는 한국 사람들에게 잘 맞지 않는다. 그래서 대목 이야기와 내용 문단 이야기를 길게 했다. 우리의 숫자 개념에서 세는 단위는 '만'으로 네 자리다. '만, 억, 조, 경, 해' 등이다. 그런데 우리의 일상에서는 1,000이나 10,000 등처럼 세 자리여서 여간 불편한 것이 아니다. 문단도 그런 면이 있다는 것이다.

글에서 중요한 것은 내용이므로 내용 문단을 중심으로 읽는 것이 좋다. 그렇다고 형식 문단을 무시할 수는 없으니 불편하더라도 이 둘의 관계를 염두에 두기를 바랄 뿐이다. 그래서 이런 상상을 해 본다. 기차역의 이정표처럼 글의 주제로 가는 길에 붙어 있는 글의 이정표. 중간에 간이역도 있으면 더욱 좋을 것이다.

줄글 읽기5 – 두 문단 읽기

이 글에서 할 이야기는 그리 길지 않다. 이미 두 문장 읽기에서 문장의 간격을, 한 문단 읽기에서 전체와 부분의 구별 이야기를 했기 때문이다. 결론부터 말하자면 두 이야기의 결합이다.

우선 이해하기 쉽게 해야 할 일부터 살펴보자.

1. 이어지는 두 문단에서 첫 번째 문단을 읽고 핵심 내용을 파악한다.
2. 두 번째 문단을 읽고 핵심 내용을 파악한다.
3. 두 문단의 핵심 내용을 이어 본다. 이때 이어진 내용이 자연스러우면 다음 문단으로 읽기를 계속하고, 자연스럽지 않으면 그 간격을 파악하고 다음 문단으로 읽기를 계속한다.

먼저 위에서 말한 순서대로 읽어야만 하는 이유가 있다. 줄글은 문장이 이어져 있기 때문에 한 번 읽기 시작하면 계속 읽게 되기 마련이다. 문단이 바뀌어도 마찬가지다. 하지만 두 문단의 문맥을 파악하지 않고 다음 문단을 읽게 되는 과정에서 문맥을 제대로 파악하지 못하게 되는 경우가 많다. 그러면 어느 순간 글의 의미를 알 수 없게 된다. 그런 일을 줄이려면 두 문단의 문맥을 읽는 과정이 꼭 필요하다. 위에서 말한 순서대로 읽어야 할 이유가 여기 있다.

두 문단 읽기의 과정이 이렇게 된 이유는 글이 길어지는 과정에 있다. 글이 길어지는 것은 자세하게 이야기해서 독자의 이해를 돕고 싶기 때문이다. 또는 할 이야기가 복잡해서 여러 가지를 얘기해야 하기 때문이기도 하다. 그런 과정에서 글이 길어진다. 예를 들어 보자.

서로 사랑하라.

아주 짧은 말이다. 이 문장을 읽고 사랑해야겠다고 생각하는 사람은 많지 않을 것이다. 원수 같은 놈도 사랑해야 하는지, 그게 가능할지 당장 부딪히는 생각들을 다 이해할 수 있어야 하기 때문이다. 이렇게 깊이 있는 이야기를 해야 할 경우에도 글은 길어지게 된다. 간단한 말이라고 쉽게 이해되는 것은 아닌 셈이다. 짧은 말도 결국 설명해야 할 이야기가 많거나 깊이 있게 해야 한다면, 길어진다. 사실 세상의 많은 이야기들이 설명해야 할 것이 많다. 글을 읽을 때 왜 두 문단의 간격을 읽어야 하는지 그 한 마디를 설명하는데도 이렇게 오래 걸린다.

그러니까 이 글에서 하고 싶은 말은 글을 읽을 때 두 문단의 간격을 읽어야 한다는 것이다. 그런데 두 문단의 간격을 읽기가 쉽지 않다. 무엇을 설명할 때 한 문장의 설명으로는 이해하기 힘들기 때문에 글이 길어지는데, 그 과정에서 문제가 생기기 때문이다. 설명하는 글이 길어지면서 진짜 하고 싶은 말이 긴 글 속에 숨겨지기도 한다. 잘 설명하려고 글이 길어졌는데 그것 때문에 오히려 잘 설명하려던 내용이 숨겨진 상황이 된 것이다. 참으로 역설적이다.

한편 숨을 쉬는 리듬이 있듯이 읽는 데에도 리듬이 있다. 문단이 너무 길면 리듬이 길어져서 읽기가 힘들다. 그래서 읽기에 덜 힘든 형식 문단이 좋은 면도 있다. 하지만 형식 문단이 너무 많으면 큰 리듬이 끊어지는 단점이 생긴다. 적절한 문단 내용과 길이로 리듬을 살리면 좋겠지만 그렇지 못한 경우에는 보완책을 마련해야 한다. 흐름을 이어갈 수 있는 방법을 찾아야 하는 것이다. 그 방법이 바로 두 문단의 문맥을 확인하는 일이기도 하다.

형식 문단은 내용이 툭툭 끊어지기 쉬워 문맥을 파악하기 어려울 수 있으니 번거롭더라도 내용을 파악해서 이어가며 이해하는 과정을 두자는 것이다. 그저 차창 밖을 보면서 다른 생각을 해도 좋을 정도의 읽기라면 필요 없겠지만 글의 내용을 정확하게 파악해야 한다면, 그리고 오랫동안 잘 기억해야 한다면 앞에서 제시한 순서대로 읽어야 한다.

줄글 읽기6 – 한 단락 읽기

글을 큰 덩어리로 구분하면 처음과 중간, 그리고 끝 부분이 있다. 하지만 처음, 중간, 끝은 디지털이 아니어서 어디가 처음이고 어디에서 중간에 접어드는지, 어디부터 중간이 끝나고 끝이 시작되는지 알기 어렵다. 그것이 글의 이해를 어렵게 하는 이유 중의 하나다. 또한 단락 읽기가 중요한 이유다.

그렇다고 아주 어려운 것은 아니다. 처음에 무슨 이야기인지 알 수 없는 이야기가 계속되다가 어느 순간 아, 이런 이야기를 하려고 하는구나, 그렇게 이야기를 이해하게 되고, 한참 이야기를 읽다 보면 뭔가 새로운 상황에 들어갔다는 것을 알게 되고, 어느 순간부터 서서히 이야기가 끝나가는 것을 알게 된다. 그렇게 자연스럽기도 하다. 하지만 그건 잘 쓴 글에서 느낄 수 있는 것이고, 그렇지 않은 글도 매우 많다. 그래서 글을 읽을 때면, 문단처럼 작은 부분이 아니라 단락이라고 하는 큰 부분의 구분에도 주의해야 한다. 우선 사전적 정의부터 살펴본다.

　단락 : 글이나 음악, 영화 등의 이야기 진행 과정에서 내용상 일단 끊어지는 자리
　문단 : 글을 내용이나 형식을 중심으로 크게 끊어 나눈 단위

앞에서 살펴본 문단과 비슷해 보여서 문단의 사전적 정의도 함께 적어 보았다. 비슷하다. 그리고 문단과 단락이 같은 뜻으로 쓰이기도 한다. 하지만 문단은 좀 더 작은 부분, 단락은 좀 더 큰 부분으로 보는 것이 일반적이기 때문에 여기서도 이 기준에 따른다. 보통 글의 단락 구성은 다음과 같이 나눈다.

　3단락 : 처음, 중간, 끝 / 머리말, 본문, 맺음말 / 서본, 본론, 결론

4단락 : 기승전결

5단락 : 발단, 전개, 위기, 절정, 결말 / 발단, 상승, 정점, 하강, 대단원

일반적인 글은 처음, 중간, 끝으로 이루어진 3단락 구성이 가장 많다. 4단락 구성은 3단락의 처음을 둘로 구분한 것이고, 5단락 구성은 3단락의 처음과 중간을 둘로 나눈 것이다. 3단락의 기본 구성에서 4, 5단락 구성으로 변화를 준 것은 그것이 글을 효과적으로 전달할 수 있기 때문이다. 그러므로 그밖에도 얼마든지 더 많은 단락 구성이 있을 수 있다.

문제는 글을 읽을 때 단락의 구분을 알아야 한다는 것이다. 단락 구분의 기본은 단락을 구분해가면서 읽어야 한다는 사실을 알고 있어야 한다. 단락을 구분하며 읽어야 하는 것을 알고 있어야만 단락을 구분할 수 있기 때문이다. 그렇게 단락 구분의 필요성을 알기만 하면 실제 단락을 구분하는 일은 그리 어렵지 않다. 단락은 큰 덩어리여서 구별이 쉽기 때문이다. 이제 간단하게 예를 들어 보자. 다음은 '소나기' 줄거리다.

며칠 동안 징검다리에서 물장난을 치는 소녀를 보던 소년은 처음에는 길을 비켜 달라는 말도 못하고, 소녀가 비켜 줄 때까지 기다린다. 다음 날 개울가에 소녀가 보이지 않자, 소년의 마음엔 소녀에 대한 그리움이

쌓인다. 어느 날 소년과 소녀는 함께 놀다가 갑자기 소나기를 만나게 되자, 소년은 수숫단으로 비를 피할 공간을 만들어 준다. 비가 그치고 도랑으로 와 보니, 물이 불어 있어 소년은 소녀를 업어서 건넨다. 그리고 그 뒤로 소년은 오랫동안 소녀의 모습을 보지 못한다. 며칠 뒤 개울가에 나온 소녀는 그날 맞은 소나기 때문에 앓았다는 사실과, 부모님의 사업 실패로 곧 이사 간다는 이야기를 한다. 소녀네가 이사 가기로 한 전날 밤, 소년은 아버지로부터 소녀가 죽었다는 소식을 듣는다.

〈황순원, 소나기〉

 이 이야기는 소년과 소녀가 만나면서부터 시작된다. 만약 소설의 전개와 다르게 그저 그렇게 만났다가 아무 일없이 스쳐 지나가기만 했다면 이야기가 되지 않았을 것이다. 그런데 소년과 소녀는 소나기를 만나게 된다. 그리고 거기서 둘만의 추억을 갖게 된다. 이것이 이야기의 중간이다. 그런데 소년과 소녀가 아름다운 추억을 더 갖기도 전에 소녀가 세상을 떠나게 된다. 소년에게 말이라도 하듯이, 소나기를 맞았을 때 입었던 옷을 입고 묻어달라고 하면서 말이다. 그렇게 소나기처럼 소년과 소녀의 짧은 사랑은 끝을 맺는다.
 누군가가 '소나기'를 앞 문단처럼 처음, 중간, 끝으로 꼭 구분해야 하냐고 묻는다면 물론 그런 것은 아니라고 하고 싶다. 특히 문학작품은 특히 더욱 그렇다. 문학 작품은 이성적인 면보다는 감성적인 글이기 때문에 단락을 구분해가며 읽지 않아도 이야기가 전하는 느낌을 느낄 수 있기 때문이다. 하지만 감성적인 면을 떠나서 작품을 심도 있게 살펴보려면 이야기의 흐름을 정확히 알아야 하기 때문에 단락을 구분할 필요가 있다. 또한 문학 작품이 아닌 경우에는 논리적 흐름을 파악하지 못하면, 글의 내용을 알 수 없으니 단락의 구분이 필수적이다. 그러므로 문학 작품이든 실용문이든 어떤 글이든 단락의 구분은 필수가 된다.

줄글 읽기7 - 두 단락 읽기

두 단락 읽기에서 말하고 싶은 내용도 길지 않다. 앞서 문단의 문맥을 읽어야 하는 것과 비슷하기 때문이다. 글은 한 문장으로 시작해서 더 자세하게 이야기하기 위해 늘어난다고 했다. 그런데 전체와 부분의 관계에서 볼 때, 전체를 설명하기 위해서는 부분으로 나누어서 설명할 필요가 있다. 그래서 부분을 나누어서 설명하게 되는데, 이때 가장 큰 부분과 큰 부분 속에 작은 부분, 또 그 속에 작은 부분 순서로 설명하게 된다.

앞에서 문단의 간격에 대한 이야기를 할 때, 문단은 일반적으로 작은 부분이라고 했다. 그렇게 글을 쓸 때는 작은 부분을 쓴 문단과 또 다른 작은 부분인 문단이 이어지게 된다. 그런데 거기서 작은 부분인 문단과 문단을 이어 주는 특별한, 눈에 보이게 구별되는 연결 장치가 없다. 그래서 글을 읽을 때 문단의 간격을 읽어야 한다.

단락의 간격을 읽는 일 역시 마찬가지다. 단락은 문단보다 좀 더 큰 부분이라는 점에서 다를 뿐이다. 앞에서도 살펴보았지만 단락의 구분은 비교적 쉽다. 덩어리가 커서 구별이 쉽기 때문이다. 하지만 단락과 단락 사이에도 문단과 문단 사이처럼 연결 장치가 없다. 그래서 역시 두 단락의 연결 고리를 찾아서 확인해야 글을 더 정확하게 이해할 수 있다. 두 단락 읽기는 단락 간의 문맥을 파악하는 방법이다. 해야 할 일을 정리하면 다음과 같다.

1. 이어지는 두 단락에서 첫 번째 단락을 읽고 핵심 내용을 파악한다.
2. 두 번째 단락을 읽고 핵심 내용을 파악한다.
3. 두 단락의 핵심 내용을 이어 본다. 이때 이어진 내용이 자연스러우면 다음 단락 읽기를 계속하고, 자연스럽지 않으면 문맥을 파악해서 두 단락을 이해하고, 다음 단락 읽기를 계속한다.

줄글 읽기8 – 글 한 편 읽기

글을 읽다 보면 끝까지 다 읽지 않아도 이야기가 끝나 가고 있음을 직감적으로 알기도 한다. 처음, 중간, 끝, 세 부분 중에서 끝부분이 시작되는 곳에서도 알 수 있지만, 특히 끝의 끝으로 가면서 결국 하고 싶은 말이 무엇인지 알게 된다. 모든 문제가 해결되었거나 하고 싶은 말을 다 했기 때문이다.

하지만 어떤 경우에는 글을 끝까지 읽었을 때 마치 코끼리 돌기를 한 후에 어지러움이 남아 있는 것처럼 끝났다는 실감이 나지 않는 경우가 있다. 감동이 있거나, 혜안에 감탄하거나, 하여간 울림이 있는 경우가 그렇다.

울림으로 인해 조금 혹은 한참을 있다가 글에서 눈을 떼게 된다. 물론 설명 중심적인 글이나 논리적인 주장이 담긴 글에서는 곧바로 눈을 떼고 다른 일을 하게 될 때가 많다. 그런 글의 경우, 설명이 다 끝났는데도 이해가 되지 않으면 글에서 눈을 떼지 못할 수도 있다. 하여간 어떤 경우라도 글을 모두 읽으면 여운 등으로 잠시 멈추게 된다.

바로 그때 해야 할 일이 한 가지 있다. 글을 다 읽게 되면 그 글에서 3~5개의 단락을 읽게 되는데, 각 단락의 주제문을 다시 한 번 확인하고, 각 단락의 관계를 확인해서, 글 전체의 주제문을 확인하는 일이다. 즉, 글 전체의 내용을 한 문장으로 이해하는 일을 해야 한다. 주제를 읽어 내는 일이다.

이처럼 글을 모두 읽고 나면 글의 내용을 한 문장으로 정리할 수 있어야 비로소 글을 제대로 읽었다고 할 수 있다. 만약 한 문장으로 읽지 못했다면 그것은 글을 온전히 읽은 것이 아니다. 본래 글은 한 문장을 설명하기 위한 도구이기 때문에 그 한 문장을 읽어 내지 못했다면 글을 읽었다고 하기 어렵다. 설령 두 개 이상의 대등한 단락이 있어서 두 문장 이상으로 정리가 될 수도 있다. 하지만 그것은 궁극적으로 한 문장이기 때문에 한 문장을 읽어 낸 것과 마찬가지다.

그렇다고 글을 읽을 때 마지막으로 하는 일인 한 문장으로 정리하는 것이 어려운 것은 아니다. 앞에서 살펴본 대로 단락을 읽고, 단락의 관계를 파악하는 것뿐이다. 다만 글을 다 읽고 그렇게 마무리해야 한다는 사실을 잊곤 하는데, 잊지 말아야 한다는 것을 잊는 일이 어려운 것이다. 쉬운 일이 더 어려운 셈이다.

글을 읽을 때 마지막으로 해야 할 일, 즉 글 전체를 한 문장으로 읽어 내는 일은 보통 다음과 같이 간단한 과정을 거친다. 3단락으로 구성된 글을 기준으로 예를 들어 본다.

처음 ↳ 중간 ↳ 끝

화살표는 주제가 이동하는 것을 표시한 것이다. 이런 형태의 글은 처음에 이런 일이 있었고, 그래서 중간에 이런 일이 생겼고, 그래서 이렇게 끝이 되었다는 구조이다. 시간의 흐름, 사건의 시작과

종료 등의 구조다. 이해가 쉬운 구조이기도 하다.

처음 ; 중간 ㄴ 끝

쌍반점(;)은 뒤에 있는 글이 앞의 글을 뒷받침함을 표시한 것이다. 이런 형태의 글은 처음에 이런 사실이 있는데, 그 사실은 중간에 설명한 것처럼 구체적으로 이런 것이고, 그래서 끝이 된다는 구조다.

처음 : 중간 : 끝

쌍점(:)은 앞과 뒤의 글이 대등함을 표시한 것이다. 이런 형태의 글은 드물지만 만약 이렇다면, 처음에 이런 이야기가 있고, 중간에도 이런 이야기가 있고, 끝에도 이런 이야기 있다고 하는 구조다. 어떤 것에 대한 주제를 몇 가지 사항으로 정리하는 글이라면 이런 구조를 보일 수 있다.

이밖에도 다양한 단락의 구조가 있을 수 있다. 3단락으로 이루어진 글은 결국 세 문장으로 이루어진 글이기 때문에 세 문장의 관계를 파악하면 된다. 물론 그 관계도 다양할 것이다. 그렇지만 그 종류가 중요한 것은 아니고 글을 읽었다면 결국 그렇게 단락의 관계를 통해서 글을 한 문장으로 이해하는 것이 중요하다.

좀 낯설 수도 있다. 글을 끝까지 다 읽었으면 다 읽은 것이지 다 읽고 난 뒤에 단락의 관계를 확인해서 한 문장으로 정리해야 할 필요까지 있을까 싶을 수도 있다. 물론 가벼운 글은 그렇게 읽어도 아무런 문제가 되지 않는다. 하지만 글의 내용을 정확히 이해해야 하는 글이라면 반드시 한 문장으로 정리해야 한다.

글

5장
양식이 있는 글, 문서

글을 읽는다고 하면 보통 줄글을 읽는 것을 말한다. 문장이 이어진 글을 줄글이라고 한다. 우리가 가장 많이 접하는 글이다. 이 책의 글도 대부분 줄글이다. 그런데 글에는 줄글만 있는 것은 아니다. 줄글이 아닌 글에는 이력서나 계약서처럼 양식이 정해진 글과 그림·표·그래프처럼 일반적으로 줄글과 함께 사용되는 자료도 있다. 여기에 숫자가 포함되어 있는 수식이나 특수 기호로 사용되어 뜻을 담고 있는 것들도 글이라고 할 수 있다. 프로그래밍에 사용되는 도구를 프로그래밍 언어라고 하고, 그 언어로 프로그램을 짜는 일을 코딩이라고 하는데, 코딩 역시 넓은 의미의 글이라고 할 수 있다. 이 중에서 자연어라고 부르기 어려운 것을 제외하면 나머지는 모두 글의 범주에 들어간다. 여기서는 이력서나 계약서처럼 양식이 있는 글을 살펴보려고 한다. 먼저 양식이 있는 글인 문서의 사전적 의미를 보자.

문서 : 글이나 기호 등으로 사상을 나타낸 것

사전적 의미는 매우 넓다. 문서의 의미는 사실 글과 같은 의미다. 아래 정의에서 확인할 수 있다.

글 : 어떤 일이나 생각을 문자로 나타낸 기록

일상에서 문서는 토지 문서, 가옥 문서, 외교 문서, 합의 문서, 문서 작성 등 서류의 의미에 가깝다. 서류의 사전적 의미는 다음과 같다.

　서류 : 글자로 기록한 문서를 통틀어 이르는 말

사전적 의미로 보면 역시 문서와 같은 의미다. 결국 문서는 글과 사전적으로 크게 차이가 없다. 다만 일상에서 사용하는 어감이 좀 다를 뿐이다. 즉, 글은 형식이 자유로운 것이고, 문서는 공식적인 글로써 형식이 있는 것으로 볼 수 있다. 이러한 문서의 공식적인 성격이 바로 양식을 만든다. 많은 사람들이 반복적으로 사용하는 글이기 때문에 일정한 약속을 할 필요가 있는 것이다. 그래서 이력서처럼 성명, 연락처, 학력 사항, 경력 사항 등 꼭 필요한 항목을 미리 양식으로 만들어 문서화한다. 그래서 문서의 실용적 정의는 다음과 같이 할 수 있다.

　문서 : 양식이 있는 글

줄글과 문서의 외형적 차이는 분명 양식이다. 목적은 같다. 모두 글이기 때문이다. 정보를 전달하는 것이 목적이다. 그저 전달하는 방법이 다른 것이다. 줄글은 설명을 중심으로 전달한다. 이해하는 과정을 거치는 전달이다. 반면 문서는 이해하는 과정보다는 결과 중심이고 항목 중심이며, 검색 중심이다. 필요한 정보를 보다 편리하게 찾는 글에 최적화되어 있다.

양식과 항목

다음은 대표적인 문서인 이력서다.

사진	이 력 서		
	성 명		
	생년월일	20 년 월 일생 (만 세)	
주소			
연락처		전 자 우 편	
년 월 일	학 력 및 경 력 사 항		발 령 청

요즘에는 이력서가 오른쪽과 같은 문서로 바뀌고 있다.

문서는 넓은 의미로 글이라고 할 수 있으니 이력서도 글이다. 그런데 보시다시피 선뜻 글이라고 부르기가 힘들다. 익히 보아 왔던 줄글과는 많이 다르기 때문이다. 그래서 문서라고 따로 부르는 것일 게다.

인적 사항						
지원 구분		지원 분야		접수번호		
성명		생년월일				
주소						
전자우편		본인 전화		비상연락		
교육 사항						
자격증명		코드		발급기관		취득일자

국가직무능력표준(NCS) 기반 역량 이력서

    문서를 읽는 방법은 매우 간단하다. 이력서는 학교나 회사 등 특정 단체에서 지원자를 모집할 때 사용하는 인사 서식으로, 목적은 지원자의 인적 사항을 확인하기 위한 것이다. 그래서 지원자의 이름을 알고 싶거나 연락처 등 지원자의 인적 사항을 알고 싶으면 그 항목을 찾아서 읽으면 된다. 예를 들어, 지원자의 이름을 알고 싶으면 '성명'란을 찾아 읽으면 된다. 연락처를 알고 싶으면 '연락처'란을 보면 된다.

    여기서 성명, 연락처, 주소 등을 항목이라고 부르는데 이 항목은 이력서 문서를 사용할 때 반복되는 내용이기 때문에 편리를 위해 미리 정해 두었다. 그래서 일반적으로 문서에서 항목은 중요한 요소다. 반복되는 중요한 내용이기 때문에 양식화한 것이다.

그렇다고 항목이 불변인 것은 아니다. 위 이력서 양식의 예에서도 볼 수 있다. 예전에는 전자 우편이 없었다. 그래서 이력서에 전자 우편이란 항목은 없었다. 그러던 것이 전자 우편이 보편화되면서 전자 우편이 이력서의 항목이 되었다. 이렇듯 문서의 항목은 시대와 상황에 따라 얼마든지 달라질 수 있다. 회사의 입사 지원서를 보면 좀 더 쉽게 알 수 있다. 입사 지원서는 회사에 따라 다르다. 그것은 회사가 중요하게 생각하는 항목이 모두 다르기 때문이다.

이상으로 이력서를 예로 간단하게 문서 양식과 항목에 대해 살펴보았다.

줄글은 이해, 문서는 검색

줄글의 핵심은 주제다. 아무리 긴 줄글이라고 해도 주제 한 문장을 풀이한 것이다. 줄글의 효용은 주제를 이해하기 쉽게 풀이한 것에 있다. 누구든지 충분히 이해할 수 있도록 자세하게 설명하고 있다.

그런데 문서에는 줄글의 그 친절한 풀이가 없다. 대신 꼭 필요한 내용을 잘 정리해 놓아 한눈에 볼 수 있는 장점이 있다. 즉, 줄글이 주제를 풀이했다면, 문서는 내용을 잘 요약해 놓았다. 그래서 문서를 읽을 때는 항목의 해석 문제가 따라 온다. 앞에서 설명한 이력서는 해석의 여지가 거의 없지만 계약서를 비롯해서 법적인 내용을 담은 문서의 경우에는 단어 하나에 따라 해석이 달라질 수도 있다. 그래서 읽기가 줄글에 비교가 되지 않을 정도로 까다롭다. 변호사의 도움을 받아 계약서를 작성하는 것은 그런 이유 때문이다.

한편, 문서에는 매우 중요한 장점이 있다. 바로 원하는 정보를 빠르게 찾을 수 있다는 것이다. 이는 줄글과 비교하면 쉽게 알 수 있다. 줄글과 문서에 같은 내용이 있다고 하면, 줄글은 내용의 설명에 집중하고 문서는 내용의 정리에 집중한다. 그러므로 글의 이해가 아닌, 단순히 정보를 확인하는 목적이라면 내용이 잘 정리되어 있는 문서에서 정보를 더 빠르게 찾을 수 있다. 이를 컴퓨터로 설명하면 이해가 쉽다. 이미 일상이 되어서 익숙한 것 중의 하나가 검색이다. 인터넷의 시작도 이 검색에서 출발할 정도로 컴퓨터와 검색은 뗄래야 뗄 수 없는 관계다. 인터넷에 있는 그 엄청나게 방대한 문서에서 원하는 정보를 얻을 수 있는 것도 검색 기능 때문이다. 말 그대로 원하는 정보를 순식간에 찾아 읽을 수 있다. 컴퓨터가 없던 시대에 문서가 그런 역할을 했다고 할 수 있다. 문서가 컴퓨터처럼 전자적인 검색 기능이 아니어서 신속함과 정확도는 떨어지지만, 줄글에 비한다면 신속하고 정확하게 찾을 수 있다. 문서는 개별 정보들을 항목으로 처리해서 잘 정리해 놓았기 때문이다. 말하자면, 문서는 컴퓨터 검색 기능이 없었던 시대에 눈으로 검색이 가능하게 미리 준비해 놓은 문서 데이터베이스라고 할 수 있다.

문서 읽기의 어려움

줄글과 문서는 목적이 다르다. 즉 줄글은 풀이, 문서는 요약된 데이터베이스의 성격이 짙다. 그래서 문서는 데이터만 읽을 때는 줄글에 비교할 필요가 없을 정도로 쉽다. 이력서에서 연락처 항목에서 전화번호를 읽기만 하면 된다. 그러나 모든 문서가 항목별로 데이터만 기록된 것은 아니다. 계약서로 예를 들어 보자.

대표(이하 "갑"이라 함)와 근로자(이하 "을"이라 함)는 다음과 같이 근로계약을 체결한다.

근로 계약서는 본 조항에 앞서 계약 당사자를 기록한다. 이를 본문의 앞에 있는 글이라고 해서 전문(前文)이라고 하는데, 전문에서 갑과 을의 항목에 해당하는 사람을 찾는 일은 어렵지 않다. 그러나 항목에 데이터만 적혀 있지 않은 부분도 있다.

제 7 조 (연차유급휴가) 연차유급휴가는 근로기준법에서 정하는 바에 따라 부여한다.

여기서 7조는 임의로 정한 것이고, 이 항목에서는 연차유급휴가가 어떻게 되는지 알 수 없다. 이를 확인하려면 근로기준법을 확인해야 하기 때문이다. 근로기준법을 확인하면 되겠지만 이렇게 써 놓은 것은 아무래도 바로 확인할 수 없어 편하지 않다. 그런데 근로기준법에 따른 연차유급휴가 부분을 넣으려니 문제가 생긴다. 좀 길기 때문이다. 다음은 근로기준법에 따른 연차유급휴가 내용을 요약한 것이다.

연차유급휴가(제60조 제1항, 제2항, 제4항, 제6항)
사용자는 1년간 80퍼센트 이상 출근한 근로자에게 15일의 유급휴가를 주어야 한다. 사용자는 계속하여 근로한 기간이 1년 미만인 근로자 또는 1년간 80퍼센트 미만 출근한 근로자에게 1개월 개근 시 1일의 유급휴가를 주어야 한다. 사용자는 근로자의 최초 1년간의 근로에 대하여 유급휴가를 주는 경우에는 15일로 하고, 근로자가 휴가를 이미 사용한 경우에는 그 사용한 휴가 일수를 15일에서 뺀다. 사용자는 3년 이상 계속하여 근로한 근로자에게는 최초 1년을 초과하는 계속 근로 연수 매 2년에 대하여 1일을 가산한 유급휴가를 주어야 한다. 이 경우 가산휴가를 포함한 총 휴가 일수는 25일을 한도로 한다. 연차휴가산정을 위한 출근율 판단에서 근로자가 업무상의 부상 또는 질병으로 휴업한 기간과, 임신 중의 여성이 제74조제1항부터 제3항까지의 규정에 따른 휴가로 휴업한 기간, 육아휴직으로 휴업한 기간은 출근한 것으로 본다.

이를 계약서에 모두 담으려고 하면 계약서가 좀 두툼해질 것이다. 또 이런 항목도 있다.

제 10 조 (기타) 이 계약에 정함이 없는 사항은 근로기준법령에 따른다.

이렇게 되면 근로기준법령을 모두 적어 놓아야 할 것 같다. 그러나 그렇게 하기는 힘들다. 그러면 계약서가 책처럼 두툼해질 것이기 때문이다. 그래서 간략하게 요점만 적어 놓은 계약서라는 문서가 된다. 문서에는 핵심만 남기고 참고 사항은 근거만 남기는 것이다.

문서 읽기의 어려움은 여기에 있다. 문서는 목적에 따라 요점만 적어야 하기 때문에 줄글처럼 풀이가 충분하지 않거나 아예 없기도 해서, 정확하게 어떤 내용인지 알기 어려운 경우가 있다. 이를 해결하기 위해 좀 더 자세하게 적으려고 하면 요점만 간략하게 보려는 문서의 취지를 벗어나게 되니 해결책이 되지 못한다. 요점만 적고 이해하기 쉽게 해야 하는데, 사실 이것은 매우 어려운 일이다. 물론 요점만으로 이해하기 쉽게 써야 하는 것이 최선이다.

그래서 문서를 읽을 때는 내가 이해할 수 있는 내용과 이해하기 어려운 내용을 구분해야 한다. 그래서 이해가 힘든 부분은 반드시 확인해야 한다. 그리고 경우에 따라서 해석에 오해가 있을 수 있는 부분은 반드시 계약서의 특약 사항처럼 별도의 항목을 정해서 정리하는 것 등으로 내용 이해를 분명히 할 필요가 있다.

다양한 문서들

가. 기획서

기획(안)서의 양식은 대략 위와 같다. 기획(안)서는 회사에서 주로 쓰는 문서로, 어떤 일을 하겠다는 것을 알리고 상사로부터 결재를 받는 용도로 사용한다. 그러므로 언제, 누가, 어떤 내용으로 작성했는지 등 문서와 관련된 사항은 어떤 기획(안)서나 공통 요소가 된다. 그래서 그 공통 요소가 문서의 각 항목이 된다. 참고로 규모가 크고 장기적인 기획을 담은 문서를 기획서라 하고, 반대의 경우

	기획(안)서					
문서번호		결재	담당	팀장	본부장	대표
보존기한						
기획(안)일자						
기획(안)부서						
기획(안)자						
제 목						

아래와 같이 하려고 합니다. 결재 바랍니다.

- 아　　래 -

1. A는 이렇게 한다.
2. B는 저렇게 한다.

- 끝 -

지시사항	

기획(안)서

　부제:

　　　　　　　　　　　　　　　　　기획(안)자 : 홍길동

본문

의 기획을 보통 기안서라고 한다.

기획(안)서 역시 문서다. 그래서 항목별로 내용을 확인하는 일은 매우 쉽고 편리하다. 궁금한 항목을 찾아 내용을 읽으면 된다. 그런데 기획(안)서에는 다른 문서처럼 모든 항목이 내용을 확인하는 정도의 간단한 내용만 있는 것이 아니다. 줄글이라고 보기에는 어렵겠지만, 제법 문장이 길어서 줄글의 성격이 강한 기획서도 많다. 기획(안)서가 기획을 설명하는 목적이 있기 때문이다. 그것이 기획(안)서를 읽고 쓰는 것을 어렵게 한다. 문서로 양식화했지만 양식화되지 못한 부분이 남은 셈이다. 보통 –아래–에 해당한다. 이 부분이 기획의 실제 내용을 설명하는 부분이다. 결국 기획(안)서를 잘 읽는 법은 역시 항목별로 내용을 확인하는 과정과 함께 줄글의 성격을 띤 부분에서 그 줄글의 의미를 잘 읽어 내는 과정을 포함한다. 줄글이 여전히 문서 읽기에도 기본이 되는 것이다.

그런 이유로 기획(안)서는 왼쪽 위와 같은 양식보다 줄글의 성격을 강화해서 줄글처럼 작성하는 경우도 많다. 물론 문서로서 꼭 필요한 문서 작성자와 날짜 등은 포함한다. 예를 들면 다음과 같은 일반적인 문서의 양식에서 벗어난 자유로운 양식이다.

왼쪽 아래 기획(안)서는 줄글과 같은 모양처럼 보인다. 하지만 작성자, 작성일 등 문서 관련 정보를 담아야 하기 때문에 일반 줄글과는 다르다. 물론 줄글의 형태여도 된다. 하지만 그렇게 하면 문서 관

	보고서					
문서번호		결재	담당	팀장	본부장	대표
보존기한						
기획(안)일자						
기획(안)부서						
기획(안)자						
제 목						

아래와 같이 했습니다.

- 아 래 -

1. A는 이렇게 했다.
2. B는 저렇게 했다.

- 끝 -

지시사항	

보고서

부제:

보고자 : 홍길동

본문

리가 어려워 아마도 문서 관련 정보를 어떤 형태든 담게 될 것이다.

　나. 보고서

　보고서의 양식도 기획(안)서와 비슷하다. 기획(안)서가 '이렇게 하겠다'는 것을 양식에 갖춰 쓴 것이라면, 보고서는 '이렇게 했다'는 것을 양식에 갖춰 쓴 것이다. 즉, 문서의 내용만 다른 것이다.
　보고서를 읽는 법 역시 기획(안)서를 읽는 법과 같다. 짧게 반복하자면, 먼저, 누가 쓴 것인지, 언제 있었던 일인지 등등 보고와 관련된 항목의 내용을 알고 싶으면, 보고서의 항목을 찾아 내용을 확인하면 된다. 그리고 구체적으로 보고 내용을 알고 싶으면 그 내용을 찾아 읽으면 된다. 여기서는 '-아래-'에 해당한다. 보고서 역시 핵심 내용은 줄글의 성격을 띠기 때문에 다음의 줄글 형태도 많이 사용한다.

　다. 공문서

　보통, 줄여서 공문(公文)이라고 부른다. 본래 국가의 공공 업무에 사용하는 문서를 말한다. 하지만 지금은 일반 회사에서 대외 조직의 업무에도 사용하는 문서로, 그 의미가 넓어졌다. 특별히 공문서와 비

```
            발신기관(회사)명
   수신자 :
   경 유 :
   제 목 : _____

 아래와 같이 합니다.
                - 아 래 -

                   끝.

              발신명의 직인

 기안자(직위/직급) 서명  검토자(직위/직급) 서명  결재권자 (직위/직급) 서명  협조자(직위/직급) 서명
 시행 처리과명-일련번호(시행일자)        접수 처리과명-일련번호 (접수일자)
 우편번호    주소              / 홈페이지 주소
 전화(   )   전송(   )         / 공무원의 공식 전자우편주소 / 공개구분
```

교해서 말하는 경우, 회사에서 사용하는 문서는 사문서로 부른다.

공문서는 외부 조직과 업무를 보기 위해 작성하는 공개 문서다. 따라서 좀 더 격식을 차리는 경우가 많다. 그만큼 양식이 고정되어 있다. 다음은 가장 일반적인 공문서의 예다.

공문서 역시 반복되는 부분을 항목별로 잘 정리해 놓았다. 다른 문서보다 항목이 더 자세한 것이 특징이다. 그래서 항목별로 내용을 찾는 일은 다른 문서보다 편리하다. 내용 또한 매우 구체적인 내용 하나만을 다루는 경우가 많기 때문에 내용 파악 역시 쉬운 편이다.

문서 읽기 – 제목부터 마지막 항목까지

앞서 몇 가지 문서를 보면 알 수 있듯이 문서는 공통된 요소가 있다. 이를 정리하면 아래와 같다.

제 목 :
문 서 정 보 : 작성자, 작성 일자, 문서 관리 번호 등
본 문 : 줄글 / 개조식
주 제(결론)

가. 제목 읽기

문서도 글이다. 글은 제목이 필수다. 또한 어떤 글도 제목의 역할은 같다. 주제를 담고 있다. 역시 제목을 읽고 주제를 짐작한다. ○○ 기획서, ○○ 보고서가 제목인데, 이 제목은 주제를 담지 못하고 대상 정도만 담고 있다. 그런데 다행히도 문서에는 부제가 많이 달렸다. 부제로 주제를 확인할 수 있으니 부제를 가볍게 넘기지 말아야 할 것이다.

나. 문서 정보 읽기

문서 정보는 문서 관리에 필요한 정보들이다. 문서 작성자를 비롯해서 작성 일자, 문서 관리 번호 등이 해당한다. 줄글과 비교하면 가장 중요한 정보는 작성자, 즉 글쓴이다. 나머지 정보는 보조 정보다. 또한 문서는 보관의 기능도 중요하므로 보관 정보도 꼭 확인해야 할 사항이다. 특히 공문서의 경우는 더욱 중요하다.

다. 본문 읽기

문서의 본문은 크게 짧은 줄글 형태와 개조식 형태다. 줄글은 가장 일반적인 글이며, 개조식은 글의 내용을 간략하게 나열하는 경우에 사용하는 글의 형태로 줄글과 문서의 중간 형태다. 개조식의 사전적 정의는 다음과 같다.

개조식 : 글을 쓸 때, 앞에 번호를 붙여가며 짧게 끊어서 중요한 요점이나 단어를 나열하는 방식

그러므로 문서의 본문을 읽는 방법은 두 가지다. 이 중에서 줄글은 앞서 살펴보았으므로 여기서는 문서에서 많이 사용되는 개조식

글의 읽기법을 살펴본다. 다음은 줄글 읽기를 개조식으로 표현한 것이다.

라. 줄글 읽기

제목 읽기 : 글의 제목을 읽고 주제를 짐작

한 문장 읽기 : 문장의 대상과 정보를 파악

두 문장 읽기 : 두 문장의 관계를 이해하고 중요 문장을 파악

한 문단 읽기 : 문단이 끝날 때까지 두 문장 읽기 연속

두 문단 읽기 : 각 문단의 주제문을 파악해서 두 문장 읽기

한 단락 읽기 : 단락이 끝날 때까지 두 문단 읽기 연속

두 단락 읽기 : 각 단락의 주제문을 파악해서 두 문장 읽기

글 한 편 읽기 : 글이 끝날 때까지 두 단락 읽기 연속

개조식 글이 줄글과 크게 다른 점은 문장을 이어 설명하지 않고 주요 내용을 요약한다는 것이다. 이때 사용되는 문장은 문단의 주제문처럼 핵심 정보만 담겨 있다. 제목처럼 대상과 정보를 모두 표현하는 문장 형태다. 또, 비중의 비슷한 정보를 나열하고 있는 것도 특징 중의 하나다. 결론적으로 말하면 줄글을 요약한 형태다. 그러므로 줄글 읽기의 절차로 읽되, 나열된 문장에서는 대상과 정보를

파악하며 읽어야 한다. 개조식 문장은 대상과 정보를 축소한 것인데 간혹 대상 또는 정보를 생략하는 경우가 있으므로 나열된 정보에서 대상과 정보를 파악하는 데에 주의해야 한다.

문서 읽기의 마지막 과정은 역시 글의 본질로 돌아온다. 어떤 글이든 하나의 주제를 전달하기 위한 것이다. 문서도 예외가 아니다.

마. 주제(결론) 읽기

문서는 본문의 내용을 한 문장으로 요약하는 항목을 사용하는 것이 일반적이다. 즉 주제 혹은 결론이라는 항목으로 본문의 내용을 요약한다. 그래서 본문의 내용을 읽지 않아도 결론만 읽으면 본문의 주제를 알 수 있는 장점이 있다. 물론 구체적인 내용을 알고 싶으면 본문을 보면 된다. 어쨌거나 문서의 이 주제 항목은 정확한 결론을 전달하는 관점에서 매우 좋은 장치다.

글

6장
**직관적인 글,
그림·표·그래프**

그림은 글보다 먼저 사용했다. 그림이 글보다 먼저인 것은 그림이 더 구체적이고 단순하고 사용하기 수월했다는 것을 짐작하게 한다. 훨씬 뒤에 글이 생겼다. 글은 글자를 아는 사람만이 쓸 수 있는 도구다. 글이 일반화된 것은 인류 역사에 비춘다면 정말 근래의 일이다. 읽을거리가 넘치게 된 것은 구텐베르크의 금속 활자 이후, 그리고 현대에 와서 컴퓨터와 인터넷이 등장하고 난 이후다. 이처럼 글이 일반화되자 그림은 감쪽같이 줄어들었다. 물론 의사소통의 도구로서의 그림을 말한다. 설명과 함께 그림이 필요한 경우에 그림은 여전히 필수 도구다. 먼 미래도 역시 마찬가지일 것이다.

글이 대중적으로 사용되면서 글도 끊임없이 변화를 거듭했다. 가장 큰 변화를 꼽자면 띄어쓰기다. 띄어쓰기는 종이가 귀했던 시기를 기준으로 나누어진다. 종이가 귀했던 시기에 띄어쓰기는 사치였다. 귀한 종이에 띄어쓰기로 빈 공간을 둘 수 있었겠는가. 종이가 조금 넉넉해지면서 비로소 띄어쓰기가 생겨났다. 우리나라의 경우 1800년대 외국인 선교사가 성경을 우리말로 번역하면서 시작되었다. 단순히 종이의 부족만은 아니었을 것이다. 종이의 부족과 함께, 한자를 사용했던 이유도 있었다. 한자는 띄어쓰기가 필요 없기 때문이다. 그러나 한글은 달랐다. 띄어쓰기가 편하다. 어쨌거나 그렇게 글은 시대 환경에 맞게 변화되어 왔다. 지금은 또 한 번의 중요한 변화를 맞고 있다. 전자책의 등장 때문이다. 전자책은 종이의 제약을 완전히 벗어났다. 게다가 소리와 동영상도 가능하다. 전자책이 책의 변화를 가져온 것처럼 줄글에도 표와 그래프가 도입되었을 것이다. 글이 미래에 또 어떤 모습으로 변할까 사뭇 궁금해진다.

여기에서는 필요에 따라 생겨난 그림, 표, 그래프 이야기를 하려고 한다. 글에 그림과 표, 그래프가 등장한 것이 언제부터인지 정확하게 알 수는 없다. 하지만 아마도 매우 오래 전부터 사용하기 시작했을 것이다. 아주 오래 전에도 인구 조사를 하고, 토지 조사를 하고, 여러 가지 조사가 있었기 때문이다. 또 변화를 그림으로 표현해야 할 일이 있었기 때문이다. 물론 지금처럼 멋진 모양은 아니었을 것이다.

그림의 진화, 표와 그래프

글은 어렵다. 실물이 있고 그림이 있고 글이 있다고 할 때, 글은 그림처럼 직관적인 것과 달리 문자와 그 문자의 조합을 이해하는 과정도 거쳐야 하기 때문이다. 어떻게 보면, 인류의 글 사용은 그저 신기할 정도다.

줄글이 어렵기 때문에 글을 쓸 때, 실물을 종종 곁들이고 싶어진다. 그렇게 곁들여진 실물이 사진이나 그림이다. 몇 번을 읽어도 이해하기 어려운 설명도 그림이나 사진 한 장으로 눈 녹듯이 사라지곤 한다. 사진이나 그림은 그만큼 직관적이다. 그림과 사진이 많은 교과서가 이해도가 높다는 조사는 여럿 나와 있을 만큼 검증된 사실이다. 설명 중심의 글이라면 사진이나 그림이 필수에 가깝다.

줄글에 곁들이고 싶은 것에 표와 그래프도 있다. 여러 가지 복잡한 상황을 표와 그래프로 간단하게 나타낼 수 있다. 그림만큼이나 직관적이다. 표에서 어떤 항목이 몇 개 있는지 확인만 하면 그만이다. 그래프 역시 마찬가지다. 몇 년 동안의 변화가 한눈에 보인다. 표와 그래프의 사용은 설명하는 줄글에 있어 그야말로 획기적인 방법이었을 것이다.

그림과 표와 그래프는 직관적으로 이해를 돕기 위한 것이다. 그런데 단순한 확인은 쉽지만 그 속에 담긴 다른 내용을 보기 어려울 때가 있다. 그것은 그림을 그린 이가, 사진을 찍은 이가, 표를 만든 이가, 그래프를 그린 이가 어렵게 만들었을 수도 있지만 단순한 내용을 담아도 단순하지 않은 내용을 포함하게 되는 특성 때문이다. 요즘 많이 사용하는 말로 하자면, 거대 자료(빅데이터)인 셈이다. 단순히 데이터만 모아 놓아도 그 너머에 또 다른 데이터가 생겨난다. 그래서 거대 자료를 읽어 내려면 읽는 법을 익혀야 한다. 여기서 말하는 글 속의 그림은 화가가 그린 예술 작품과는 다르다. 일반적으로 글 속의 그림은 글의 내용을 확인하기 위한 것이다.

한편 그림(사진), 표, 그래프는 그 자신이 글이 되기도 한다. 글의 내용을 보조하는 것이 아니라 독립된 글이기도 하다. 모두 제목이 있고, 작성자가 있고, 본문이 있다. 이처럼 그림, 표, 그래프는 글의 필수 요소를 모두 갖추었으므로 글이라고 볼 수 있다. 글자가 없기 때문에 글이라고 보는 것이 낯설겠지만 글이 사상을 담은 것이라면 그림(사진), 표, 그래프도 정확히 이 개념을 포함하므로 글이다.

그림(사진), 표, 그래프가 글의 보조 정보가 되었든 독립적인 글이 되었든 간에 읽어 내야 하는 대상인 것에는 변함이 없다. 줄글의 보조 정보로써 사용되었을 경우 읽기는 쉽다. 줄글의 내용을 확인하면 되기 때문이다. 하지만 독립적인 글일 때는 줄글처럼 정확히 읽어 낼 필요가 있다. 표, 그래프가 독립적인 글로 사용될 때가 점점 많아지므로 읽기법도 필수다.

표와 그래프, 그리고 수리

수(數) 없이 오늘 있었던 일을 설명해 보라. 예상대로 사실상 불가능에 가깝다. 그만큼 수는 우리 일상에서 빠질 수 없다. 그러니 일상을 표현하는 말과 글에서도 수는 빠질 수 없다.

그런데 글에 수가 나오면 일단 불편함을 느낀다. 아무래도 수라고 하면 계산이나 수식 등 문자와 달리 복잡한 내용이 함께 하기 때문일 것이다. 어쩌면 수는 그저 수일 뿐인데 으레 수학으로 생각하는 것이 아닌가 싶기도 하다.

  어찌 되었든 글을 읽으려면 수도 읽을 수밖에 없다. 앞에서도 예가 나왔지만 수 없이 하루를 이야기하기 힘든 것처럼 수를 전혀 쓰지 않고 글을 쓰기 힘들기 때문이다. 물론 당연히 수가 없는 글이 있을 수 있다. 하지만 글에 수가 나올 가능성은 매우 높다.

  그래서 수를 좀 알아야 한다. 특히, 표와 그래프에는 문자보다는 수가 중심이어서 표와 그래프를 읽으려면 수 읽기가 필수다. 다음은 수학 속의 수가 아니라 글 속에 사용하는 수의 몇 가지 특징이다.

  수(數) : 세거나 헤아린 양의 크기를 나타내는 말

  수에 대해서 특별히 생각해 볼 필요를 느끼지 못해 아마도 수의 정의가 낯설 수도 있다. 사전적인 해설은 두 가지를 나타낸다. 하나는 셀 수 있는 양의 크기, 다른 하나는 셀 수 없는 양의 크기이다. 물이나 기름은 사과처럼 하나씩 셀 수 없는데, 그렇게 셀 수 없는 것을 말한다. 그렇다고 양의 크기를 측정할 수 없는 것은 아니다. 리터(l)처럼 셀 수 없는 것의 양을 나타낼 때는 단위를 측정하여 사용할 수 있다. 다시 말하면 수는 셀 수 있는 것과 셀 수 없는 양의 크기를 나타내는 말이다. 좀 어렵게 말하면 사과처럼 셀 수 있는 이산량과 물처럼 셀 수 없는 연속량의 크기를 나타내는 말이다. 셀 수 있는 것은 사과 1개처럼 셀 수 있는 개체를 부르는 말을 사용하고, 물처럼 셀 수 없는 것은 리터처럼 단위를 사용한다.

그런데 수는 양만 나타내지 않는다. 순서를 나타낼 때도 사용하고 다른 것과 식별하기 위해 사용하기도 한다. 다음은 다양한 수의 개념이다.

집합수 : 양을 나타내는 수
순서수 : 순서를 나타내는 수
명명수 : 식별하기 위한 수

1위, 2위, 3위 같은 표현에서 숫자 1,2,3은 순서를 말한다. 이때의 수를 순서수라고 부른다. 또, 지하철 1호선이나 1번 버스에서의 숫자 1은 다른 것과 구별하기 위한 목적이다. 이때의 수를 명명수라고 한다. 전화번호나 운동선수의 등번호도 같은 목적이다. 이때 숫자는 기호인 셈이다.

식(式) : 숫자나 문자를 계산 기호로 사용하여 수나 양의 합 등 수리적 관계를 나타낸 것

여기서부터 좀 복잡해진다. 위 사전적 정의에서는 수를 셀 수 있

는 것, 양은 셀 수 없는 것으로 표현하였다. 그리고 식은 그 수나 양의 합 또는 관계다. 그런데 이 중에서 합은 쉽지만 관계는 쉽지 않아 보인다.

관계 : 둘 또는 여러 대상이 서로 연결되어 얽혀 있음

결국 식은 숫자를 대신하는 문자의 관계를 나타낸 것이다. 뭐, 사전적 정의는 어렵지만 실제로 보면 이미 익숙한 것이다. 예를 들어보자.

2+3
x+2
y=x+1

이미 우리가 수학 시간에 익히 보았던 것들이다. 내용도 어렵지 않다.

2와 3을 더한 것
어떤 것에 2를 더한 것
y는 어떤 것에 1을 더한 것과 같다.

문제는 모든 식이 이렇게 간단하지 않다는 것이다. 예를 들어 보자.

2%의 이율로 매월 100원을 저금하면 1년 후에 얼마가 될까?

숫자는 어렵지 않다. 기껏해야 2, 100, 1이 사용되었을 뿐이다. 그런데 이 문장의 이해는 쉽지 않다. 2%에서 '%'의 의미를 알아야 하고, 100원의 '원'도 알아야 하며, '1년 후'의 의미도 알아야 하기 때문이다. 즉, 숫자가 포함된 문장에는 수리(數理)가 들어 있는데, 이를 알아야 한다.

수리 : 수학의 이론이나 이치

수리라는 것이 설명은 간단해 보이지만 복잡하다. 수를 문자로 본다면, 숫자로 된 식은 문장이라고 할 수 있는데, 수리는 문장이 성립할 수 있는 문법이다. 수리도 문법처럼 복잡한 셈이다. 글은 수학자가 아니라 일반인을 대상으로 하는 것이기 때문에 수학자나 이해할 수 있는 식을 사용할 가능성은 높지 않다. 하지만 간단한 수식은 우리 일상에도 얼마든지 사용할 수 있으므로 기본적인 수리 능력은 글을 읽고 이해하는 데도 필수 요소다. 결론은, 좀 어색하지만, 글을 읽으려면 수학 공부도 좀 해야 한다는 것이다.

그림 읽기

'백 번 듣는 것이 한 번 보는 것만 못하다(百聞不如一見)'는 속담이 있다. 글에서 그림은 그런 역할을 한다. 사진은 더 뚜렷하다. 전자 문서에서는 움직이는 사진까지 넣을 수 있어서 더욱 편리해졌다.

그림은 글보다 앞서 등장했지만 글의 추상성에 자리를 내주었다가 종이의 여유로 다시 자리를 잡았다. 최근엔 스마트폰의 카메라와 어울려 전자 문서로 화려하게 다시 인기를 끌고 있다.

그림은 글과 무관하게 읽히기도 한다. 화가가 작가인 경우다. 그때 그림은 글의 보조 정보가 아니라 예술 작품이 된다. 그러므로 그림을 읽는다는 것은 작품으로서 읽는 것이 먼저다. 하지만 글과 함께 하면 글이 먼저다. 그림은 글을 뒷받침하는 역할로 만족한다. 그래서 글과 함께인 그림을 만나면 두렵지 않다. 예술 작품으로서의 그림은 읽기 어렵기 때문이다. 하여간 줄글 속의 그림은 줄글을 확실하게 돕는다.

그림이 글의 대상이라면 모를까, 글의 주제가 따로 있다면 아마도 그림은 줄글의 어떤 부분을 확인하는 정도가 될 것이다. 줄글 속에 그림이 있다면 잠시 멈추고 그림을 한번 봐 주자. 그림이 글을 톡톡히 도와주고 있다는 것을 알게 될 것이다. 그리고 그림에게 감사를 표하자.

표 읽기

표는 누가 처음 만들었을까? 우리가 사는 지금 다른 많은 것처럼 표도 그리 대단한 것이 못 된다. 누군가 처음 만들었을 땐 대단한 물건이었을 것 같다. 그러다 '대단함'은 퇴색되었다. 하지만 현대 사회에서 표는 다시 대단한 것이 되었다. 통계 같은 분야에서는 줄글보다 표가 비중이 더 높다.

줄글은 설명을 하고 이해를 목적으로 하는 글이다. 그러나 길다. 쉴 틈 없이 정보를 접해야 하는 현대인들은 여유를 즐기는 목적의 독서가 아니라면 줄글은 생산성이 떨어진다. 표가 좋다. 간단하고, 확인이 쉽다. 그런 이유로 업무용 글이나, 문서에는 표가 많이 사용된다. 사전적 정의는 다음과 같다.

표 : 어떤 내용을 일정한 형식과 순서에 따라 보기 좋게 정리하여 나타낸 것

먼저 줄글을 보자.

A회사의 1일 생산량은 103개, 판매량은 55개다.
B회사의 1일 생산량은 99개, 판매량은 88개다.

C회사의 1일 생산량은 79개, 판매량은 33개다.

D회사의 1일 생산량은 90개, 판매량은 78개다.

E회사의 1일 생산량은 50개, 판매량은 42개다.

어려운 내용은 아니다. 같은 내용이 반복되어 지루하기까지 하다. 줄글의 가장 큰 특징이 충분한 설명인데 설명할 것이 없어 줄글 같지도 않다. 이를 표로 나타내 보자.

표1. 〈회사별 생산량과 판매량〉

(단위 : 개)

회사	생산량	판매량
A	103	55
B	99	88
C	79	33
D	90	78
E	50	42

〈출처 : OO공사〉

표를 읽기 전에 먼저 표의 구성 요소와 그 명칭부터 살펴보자.

표 번호 : 표를 관리하기 위해 붙인 번호. 여기서는 표1

제목 : 표의 주제를 담은 글

출처 : 줄글의 글쓴이

축 : 대상과 자료를 나타내는 항목

가로축 : 행

세로축 : 열

칸 : 가로 줄과 세로 줄이 만나는 곳

자료 : 칸에 담긴 내용, 데이터 또는 정보라고도 부름

단위 : 자료의 수나 양의 기준

표 번호는 표를 관리하기 위해 붙인 번호다. 줄글의 목차처럼 표가 많은 글이라면 표 목차를 두어야 한다. 제목은 줄글의 제목과 같은 역할을 한다. 출처는 줄글의 글쓴이와 같은 개념으로 표를 작성한 사람 또는 기관이다. 축은 자료의 대상과 자료를 말한다. 표1의 대상은 회사, 생산량, 판매량이다. 표1처럼 가로축은 보통 정보의 대상이다. 그래서 이를 글머리행이라고 따로 부른다. 줄글에 견주면 대상에 해당한다. 세로축은 각 대상의 자료, 즉 글의 정보에 해당하는 내용이 온다. 단위는 자료의 수를 세거나 양을 측정하는 기준이다. 단위가 필요한 건 표가 주로 수와 양의 정보를 담기 때문이다.

 행과 열은 가로 또는 세로줄을 말하므로 행과 열은 종종 바뀌기도 한다. 보통 줄글에서 '100쪽의 23행'처럼 줄을 행으로 부르니 가로줄을 행으로 보면 문제가 없을 것이다. 칸은 영어로 셀(shell)이라

고 부르기도 한다. 칸에 담긴 내용을 자료라고 하는데, 이 역시 영어로 데이터(data)라 부른다. 글이라는 관점에서 본다면, 정보에 해당한다.

간단하게 이 표의 생산성을 확인해 보자. B회사의 생산량은 몇 개인가? 아마도 별 어려움 없이 바로 확인했을 것이다. E회사의 판매량은? 42개다. 역시 쉽게 확인했을 것이다. 이것을 위에서 줄글과 비교하면 표의 생산성이 확인된다. 본격적으로 표를 읽는 절차를 살펴보자.

가. 제목 읽기

표는 줄글의 보조 정보를 제공하면서도 독자적으로 글이 되는 특성이 있다. 그래서 글의 필수 요소가 다 있다. 제목 역시 필수다. 위 표의 제목은 〈회사별 생산량과 판매량〉이다. 줄글의 제목처럼 표의 가장 위, 중앙에 있다. 앞서 줄글의 제목에서 대상과 정보가 모두 드러나는 제목이 바람직하다고 했는데, 이 표의 제목은 대상만 드러나 있다.

정보를 추론해 보면, '다음은 5개 회사의 회사별 생산량과 판매량이다.' 정도 된다. 특별한 정보가 없다. 그래서 대상만 담은 제목이 된다. 표에 이런 형태의 제목이 많은 이유도 여기에 있다. 표에서 여러 칸의 정보는 모두 대등해서 정보가 나열된 형태이기 때문이다. 하지만 어떤 특정한 칸의 정보를 담은 것이라면, 예를 들어, 위 표에서 주제가 'A회사의 생산량이 가장 많다'는 것이라면, 표의 제목은 '생산량이 가장 많은 A회사'가 좋다. 표는 정보를 그대로 보여 주는 역할이 주된 것이므로 특정한 칸의 정보를 강조하지 않는다. 하지만 모든 글은 반드시 하고 싶은 말, 즉 주제가 있기 마련이다. 그러므로 표에서 그저 드러낸 정보만이 아니라 주제를 추론해서 읽는 것이 표를 잘 읽은 것이다.

나. 〈출처〉, 〈단위〉 읽기

글의 필수 요소 중 하나가 글쓴이다. 글이 있다면 당연히 누군가가 썼다. 표 역시 만든 사람이 있다. 그 글쓴이는 줄글의 글쓴이와 성격이 좀 다르다. 표는 자료라는 정보가 중심이다. 그런데 이 자료는 요약된 핵심 정보가 아니라 데이터라고 부르는 단순 사실들이다. 이러한 데이터는 개인이 작성하기 힘든 경우가 많다. 자료를 조사해야 하는데, 개인이 혼자서 처리하기 힘든 자료 조사가 많기 때문이다. 이 자료는 여러 사람이 보고 사용하는 것이기 때문에 믿을 수 있어야 한다. 공신력이다. 국가 기관 정도라면 공신력이 생긴다. 그래서 표의 작성자는 보통 기관이 〈출처〉가 된다. 〈출처 : 통계청〉

처럼 표현한다. 글에는 글쓴이가 있어야 한다. 표에는 〈출처〉가 있어야 한다. 표를 본다면, 〈출처〉를 확인해야 한다. 없다면, 읽어 봐야 소용없다. 믿기 어렵기 때문이다. 한 가지 덧붙이자면, 〈출처〉는 표를 만든 곳이거나 만든 사람이어야 한다. 표를 보도한 신문 기사라면, 그것은 〈출처〉가 아니다. 논문이라면 논문명과 저자를 반드시 밝혀야 한다. 그래야 〈출처〉다.

표 정보에는 〈출처〉 외에 자료의 〈단위〉도 있다. 〈출처〉와 함께 확인할 정보는 〈단위〉다. 이는 표의 본문과 관련이 있지만 단위 표시는 본문 밖에 두기 때문에 따로 확인해야 한다. 표가 수와 양의 정보를 주로 다루기 때문이다. 특히 양은 셀 수 없으므로 단위 정보가 매우 중요하다.

다. 본문 읽기

표에서 본문이라 함은 당연히 칸에 있는 자료들을 말한다. 줄글에 견주면, 칸 하나하나는 문장의 정보에 해당한다. 표는 기본적으로 다른 대상이 공통으로 갖는 반복되는 여러 정보를 정리한 것이므로 대상에 따라 정보가 반복된다. 그러므로 대상을 분명히 구별하고 대상에 따른 정보를 확인하는 것이 본문 읽기의 핵심이다.

표의 정보는 대상에 따라 대등한 정보다. 그러므로 줄글에서처럼 주제의 이동은 없다. 그것은 표의 본문에는 특정한 정보를 나타내는 기능이 없다는 것을 의미한다. 칸의 모든 정보는 기본적으로 대등하기 때문이다. 다음은 표에서 본문의 읽기 과정이다.

1. 제목을 보고 주제를 짐작한다.
2. 작성자 혹은 〈출처〉를 확인한다.
3. 본문에서 먼저 〈글머리행〉을 통해 자료의 대상을 확인한다.
4. 대상의 자료를 확인한다.
5. 특별한 자료가 있는지 자료의 특징을 살펴본다.
6. 특정한 주제가 있는지, 자료 전체가 주제인지 확인한다.
7. 주제가 맞는지 근거를 찾아 검증한다.

라. 주제 읽기

표의 본문에는 주제가 드러나지 않는다. 혹은 주제가 표의 자료 전체여서 따로 주제가 드러나지 않기도 한다. 하지만 어떤 경우라도 표에는 주제가 있다. 특정한 자료가 중요하게 표현되어 있다면 그것이 주제이고, 그렇지 않은 경우라면 표의 자료 전체가 주제이다. 예를 들어, 인구 현황 같은 표가 그렇다. 어떤 경우라도 표도 하고 싶은 말이 있기 때문이다.

표에서 특정 주제가 있는 경우, 표에는 줄글에서처럼 논리적인 고리로 설명되지 않는다. 어떤 특정 설명이 표 안에 들어가는 것은 표의 완결성을 해치기 때문이다. 대신 표 밖에서, 즉 줄글에서 표의 어떤 특징을 설명할 것이다. 그렇다고 항상 줄글에서 설명하는 것은 아니므로 독자가 그 고리를 찾아 읽어야 한다. 그것이 표 읽기의 어려움 중의 하나다.

표에서 주제를 추론하는 방법을 간단히 살펴보면, 먼저 가장 두드러진 자료를 확인하는 것이다. 그리고 그 자료가 의미하는 것이 무엇인지 추론해 본다. 왜 이 자료만 두드러지는가. 아마도 이유가 있을 것이고, 그것이 표를 만든 이유가 될 수도 있다. 누구나 알고 있는 것을 글로 쓰지 않듯이 누구나 알고 있는 자료라면 굳이 표로 만들지 않기 때문이다. 두 번째 방법은 표에 숨어 있는 특징을 찾는 것이다. 두드러진 자료가 없어도 자료 전체가 주는 의미가 있다. 예를 들어, 해마다 신생아 수가 꾸준히 줄고 있다면 그 줄고 있다는 것이 표로 하고 싶은 말이 될 수 있다.

그래프 읽기

그래프가 줄글에 들어온 것은 표의 불편함 때문일 것으로 보인다. 표는 자료를 확인하기 좋다. 하지만 자료의 비교는 힘들다. 특히 변화되는 자료라면 더욱 비교하기 힘들다. 표에서 자료, 특히 수치는 정확한 값도 중요하지만 그 수치의 변화도 중요한 요소다. 그래서 자연스럽게 그래프를 사용하게 되었을 것이다. 먼저, 사전적 정의부터 알아보자.

그래프 : 서로 관계가 있는 둘 이상의 수와 양의 상대적인 값을 한눈에 알아볼 수 있도록 나타낸 그림

그래프와 표의 정의를 비교해 봤을 때 가장 큰 차이는 자료의 종류에 있다. 표의 자료는 수와 양에 한정되지 않는다. 예를 들어, 식물의 분류를 표로 나타낼 수 있다. 그러나 그래프의 자료는 수와 양으로 나타낼 수 있어야 한다. 상대적인 값을 비교하고, 변화하는 정도를 나타내려면 수치가 필요하기 때문이다. 언어적 표현인 '조금, 보통, 많이' 등 정도를 나타내는 부사로는 그 차이를 알기 어렵다. '5개 더 많이, 2배 높은'처럼 정확한 정도를 알려면 수치가 필요하다. 그래프의 등장 이유다. 먼저, 앞서 본 줄글을 다시 보자. 그리고 줄글과 그래프를 비교해 보자.

A회사의 1일 생산량은 103개, 판매량은 55개다.
B회사의 1일 생산량은 99개, 판매량은 88개다.

C회사의 1일 생산량은 79개, 판매량은 33개다.

D회사의 1일 생산량은 90개, 판매량은 78개다.

E회사의 1일 생산량은 50개, 판매량은 42개다.

줄글이다. 그럼, 이렇게 질문해 본다. 위 줄글에서 생산량과 판매량의 차이가 가장 적은 회사는 어디인가? 아마도 각 회사의 차례대로 생산량과 판매량의 차이를 계산할 것이다. 물론 계산은 쉽고, 그래서 쉽게 찾을 수 있을 것이다. 이번에는 아래 표를 보자.

줄글을 표로 나타낸 것이다. 그럼, 다시 이렇게 질문해 본다. 위 표에서 생산량과 판매량의 차이가 가장 적은 회사는 어디인가? 역시 표에서도 각 회사의 생산량과 판매량의 차이를 계산하는 과정은 필요하다. 그러나 회사명과 생산량과 판매량의 확인 과정은 줄글보다 효율적이다. 이번에는 그래프를 보자.

표1. 〈회사별 생산량과 판매량〉

(단위 : 개)

회사	생산량	판매량
A	103	55
B	99	88
C	79	33
D	90	78
E	50	42

〈출처 : OO공사〉

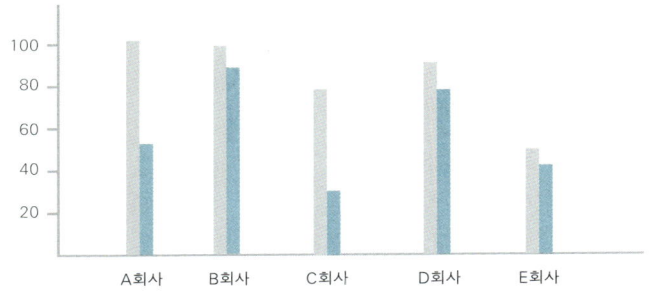

그림1. 〈회사별 생산량과 판매량〉 (출처 : ○○협회, 단위 : 개)

다시 이렇게 질문해 본다. 위 그래프에서 생산량과 판매량의 차이가 가장 적은 회사는 어디인가? 줄글과 마찬가지로 회사별로 차이를 확인하는 과정은 필요하지만 표처럼 계산할 필요까지는 없다. 한눈에 들어오기 때문이다. E회사다.

그렇다면 이제부터 그래프 읽는 과정을 알아보자. 역시 마찬가지로 위 그래프를 참고로, 그래프의 구성 요소와 명칭부터 살펴보자.

그림 번호 : 그래프를 관리하기 위해 붙인 번호. 그래프라는 용어 대신 그림이라는 용어가 일반적이다. 보통 그래프 아래에 제목에 앞서 쓴다. 예) 그림1

제목 : 그래프의 주제를 담은 글

출처 : 그래프의 작성자, 단체

축 : 대상과 자료를 나타내는 항목

가로축 : x축

세로축 : y축

눈금 : 축의 자료 측정 단위의 구분선

도형 : 자료가 담긴 영역

범례 : 도형에 들어 있는 자료의 명칭

자료 : x축과 y축이 만난 수치

단위 : 자료의 측정 기준

표와 비슷한 구성이다. 크게 다른 것은 표는 칸에 자료가 담긴다면, 그래프는 도형에 담긴다는 것이다. 그리고 줄글이나 표에서는 매우 중요했던 자료의 대상이 범례로 따로 떨어져 대상의 중요성이 약해진 느낌이 든다.

가. 제목 읽기

제목 읽기는 모든 글의 공통이다. 그래프 역시 제목의 역할은 같다. 그래프의 주제를 담았다. 그러나 역시 대상과 정보를 모두 담기보다는 대상 중심으로 담고 있는 것이 일반적이다. 정보가 많기 때문이다. 그런 이유로 그래프의 제목은 대체로 주제를 담지 못한다. 그러므로 그래프의 핵심 정보를 찾아 제목을 보완해 읽어야 한다.

나. 〈출처〉, 〈단위〉 읽기

역시 줄글, 표와 같다. 그래프를 작성한 사람이나 단체를 확인해야 한다. 숫자의 〈단위〉도 반드시 확인해야 한다.

다. 본문 읽기

표의 본문은 자료가 주된 정보다. 하지만 그래프는 단순히 자료가 핵심 정보는 아니다. 비교든, 변화든, 하고 싶은 말이 있기 때문이다. 그렇지 않다면 자료는 표로 나타냈을 것이다. 그러므로 단순 자료보다 하고 싶은 말, 주제에 관심을 두어야 한다. 다음은 그래프의 본문의 읽기 과정이다.

1. 제목을 보고 주제를 짐작한다.
2. 작성자 혹은 〈출처〉를 확인한다.
3. 본문에서 먼저 〈범례〉로 그래프의 도형의 대상을 확인한다.
4. 대상의 자료값을 확인한다.
5. 자료값의 비교, 변화를 통해 주제를 추론한다.
6. 주제가 맞는지 근거를 찾아 검증한다.

라. 주제 읽기

줄글은 내용을 충분히 설명하므로 주제가 무엇인지 해석의 여지가 많지 않다. 해석의 여지가 많다면 잘 표현되지 못한 것이다. 그러나 앞서 살펴본 표와 마찬가지로 그래프도 본문의 자료가 그래프의 주제를 표현하지는 못한다. 그러므로 줄글의 설명을 기준으로 그래프의 자료를 읽고 줄글의 주제와 부합하는지 확인해야 한다. 그것이 그래프의 주제를 읽는 것이다.

책

7장
**제대로 책을
읽으려면**

존경 받는 삶을 산 사람들에게 삶의 비결을 알려달라면 우선 꼽는 것 중의 하나가 책읽기다. 건강의 비결을 묻는 사람에게 웃으며 살라는 얘기처럼 성공 비결을 물었을 때 돌아오는 똑같은 답변 중의 하나다. 그 이야기는 하도 많이 들어서 이젠 식상할 정도다.

그런데 조금만 귀 기울이면 많은 것이 들어 있다. 그들은 무슨 이유로 그렇게 책읽기를 강조할까? 왜 모두 책읽기일까? 책읽기에 무엇이 있을까? 책은 처음 들어 보는 신기한 이야기, 그토록 어려운 문제를 해결한 방법, 문제가 무엇인지 명쾌하게 밝혀 주는 설명, 삶을 다시 살게 하는 감동적인 이야기 등이 들어 있기 때문이다. 인생의 모든 것이 들어 있다고 해도 과언이 아니다. 책을 읽는 사람들은 인생의 고비마다 책 속의 지혜와 감동으로 어려움을 헤쳐나간 것이다. 그래서 그 경험을 이야기하는 것일 게다.

책을 제대로 읽어 내려면 아무리 짧아도 두 시간은 걸린다. 그 두 시간 동안 읽는 이는 책의 주제에 빠진다. 어떤 경우에는 너무 푹 빠져서 흔들어 깨워야 겨우 정신이 들 정도다. 책은 단순한 한 마디 말이 아니기 때문이다. 촘촘히 짜여 있다. 책읽기는 그 촘촘함을 모두 손으로 만지는 일이다. 책을 읽는 두 시간은 책 속에 빠질 만큼의 깊이 있는 주제가 있다. 그런 주제여서 책을 읽으면 책에서 힘을 얻는다. 책을 읽어서 존경 받는 삶을 살게 된 것인지, 존경받는 사람은 으레 책읽기를 좋아했는지 알 수 없다. 하지만 하나는 분명하다. 책은 그들의 삶과 함께 했다는 것이다.

 책읽기가 중요하다는 얘기가 된 듯하다. 하지만 이 글에서 하고 싶은 얘기는 그것이 아니다. 책읽기가 중요하지만 그보다 더 중요한 것이 있는데 그것은 책을 잘 읽어 내는 것이다. 책을 읽되 건성으로 읽으면 읽으나마나 한 일이 된다. 그런데 존경 받는 사람들이 책읽기를 말하면서 한 가지를 빼놓는 경우가 많다. 책을 읽지 않는 사람이 훨씬 많으니 책읽기를 강조하느라 그렇게 된 것으로 보이는데, 제대로 읽어야 한다는 이야기를 뒤로 미루는 것이다. 그래서 제대로 읽어야 한다는 이야기를 듣기 힘들지만, 책에서 삶의 힘을 얻으려면 제대로 읽어야 한다. 깊이 읽어야 한다.

 책을 어떻게 읽는 것이 제대로 읽는 것일까? 이것은 쉽지 않은 이야기다. 책의 내용을 잘 이해하면 잘 읽은 것일까? 그것은 기본이다. 그런데 책의 내용만 잘 이해하면 책을 읽은 목적이 이루어진 것일까? 어딘가 부족한 느낌이다. 내용을 이해한 것은 글쓴이의 생각을 이해한 것이고, 그 이후에는 글쓴이에게 던지고 싶은 질문이 수없이 생겨날 수도 있고, 글쓴이보다 더 좋은 생각이 날 수도 있다. 우리는 책을 읽으면서 그렇게 '생각'을 한다. 아마도 그것이 책을 잘 읽었다는 결과물일 것이다.

 어떻게 해야 잘 읽을 수 있을까? 많은 사람들이 그 방법을 얘기한다. 독서법이 그것이다. 독서법을 검색하면, 아마도 평생 읽을 만큼 많은 독서법들을 발견할 수 있을 것이다. 먼저 그 독서법을 살펴보자. 크게 두 가지 의견으로 보인다.

첫 번째 방법은 많이 읽어라! 가장 대표적인 책읽기 방법은 많이 읽으라는 것이다. 아주 오래된 독서법이다. 책을 백 번 읽으면 저절로 이해된다는 뜻으로, 《삼국지(三國志)》, '위서(魏書)'의 독서백편의자현(讀書百遍義自見)이 대표적이다. 여기서 백 번은 꼭 백 번을 말하는 것이 아니라 알 때까지라는 의미다. 우리나라에는 이를 실천한 조선 중기의 시인인 백곡 김득신이란 분이 있다. 사마천의 《사기》에 나오는 '백이' 전을 무려 11만 3천 번을 읽었다고 하니 감탄할 뿐이다.

두 번째 방법은 요령껏 읽어라! 문학 작품과 실용서는 읽는 방법이 따로 있으니 읽는 방법을 달리 해야 한다. 저자와 대화하며 읽어라, 행간을 읽어야 한다 등 매우 세세한 요령을 터득해야 한다.

다양한 독서법은 이렇게 정리할 수 있다. 요령껏 많이 읽어라! 첫 번째 방법도 실천해야 하고 두 번째 방법도 실천해야 할 내용이다. 존경 받는 삶을 살았던 분들은 이 두 가지 독서법에 능숙했을 것이다. 아마도 첫 번째 방법으로 독서법을 익히고 두 번째 방법은 자신만의 요령을 터득했을 것이다. 어찌 되었든 그렇게 독서 능력을 갖추게 되었을 것이다.

그런데 결국 이 독서 능력을 갖추기가, 위 두 가지 독서법을 익히기가 어렵다. 독서가 습관이 될 정도로 꾸준해야 하고, 그 과정에서 자신만의 독서법을 터득해야 한다. 누구에게나 필요한 독서 능력이 사실 소수에게만 허락된 셈이다.

소수에게만 허락된 책읽기는 그저 눈으로 한 번 읽어 보는 것이 아니다. 정확하게 글쓴이의 의도를 파악하는 것은 기본이고, 그 너머까지 볼 수 있는 책읽기다. 버스 타고 가면서 여유 있게 차창 밖을 보면서 풍경을 보는 책읽기가 아니다. 길을 걸으면서 골목길까지 모두 둘러보는 그런 꼼꼼한 책읽기다. 그래서 다 읽고 나면 글의 구석구석이 기억나는, 그런 책읽기다.

소수에게만 허락된 책읽기 비법은, 책을 아주 꼼꼼하게 읽으면서도 많이 읽을 수 있는 그런 책읽기 능력에 있다. 이는 그냥 책읽기가 아니다. 시험을 준비한다고 해도 손색이 없을 정도로 공부하는 수준의 책읽기다. 결국 끊임없이 공부했다는 것. 공부가 가능한 책읽기, 그것이 그 비밀이다.

책읽기의 시작

책읽기, 그것에 한 걸음 더 들어가 보자. 지금은 누구도 부인할 수 없는 평생학습의 시대다. 그리고 그 가운데에 책읽기가 있다. 왜 그런가? 왜 공부하려면 책읽기가 되어야 하는가? 공부한다는 것, 그 의미부터 생각해 보자.

 공부는 지식을 갖추는 일이다.

 공부를 꺼내니 지식이 딸려 나온다. 공부는 지식을 갖추는 일이라니 말이다.

 지식은 체계적인 정보다.

 이런, 이번엔 또 정보가 딸려 나온다. 지식이 정보라니 말이다.

 정보는 단편 사실이다.

 정보를 설명하기 위해 예를 들어 본다. '저 눈부신 것이 해다.' 이 말은 '저 눈부신 것이 해'라는 사실을 담고 있다. 단순한 사실이다. 저 눈부신 것에 대한 다른 정보는 더 없다. 그래서 단편 정보라고 한다. 한 가지만 더 들어 보자.
 '저 휘영청 밝은 것이 달이다.' 휘영청 밝은 것이 달이라는 단편 사실을 담고 있다. 이렇듯 어떤 대상에 대한 단편적인 사실을 정보라고 한다. 다 알고 있는 것이니 이만 줄인다.

이제 다시 공부 이야기로 돌아가 보자.

지식은 체계적인 정보다.

지식이 정보와 다른 점은 '체계적인'이란 낱말이 더 들어간 것뿐이다. 체계적인 것은 한 가지가 아니고 여러 가지가 있고, 그것이 흩어져 있지 않고 정리되어 있다는 뜻의 낱말이다. 그러므로 지식이란 것은 매우 많은 정보가 잘 정리되어 있는 것이다.

저 눈부신 것이 해다. 이것은 단편 정보다. 이것이 지식이 되려면 어떻게 되어야 할까? 먼저 이 단편 정보가 매우 많이 있어야 한다. 해에 대한 정보는 사실 엄청나게 많다. 그것이 보기 좋게, 누구든지 이해하기 쉽게 잘 정리되어 있어야 한다.

공부는 지식을 갖추는 일이다.

지식은 어떤 대상에 대해 체계적인 정보를 담은 것이다. 그러므로 공부는 해에 대한 지식을 갖추는 일이고, 달에 대한 지식을 갖추는 일이다. 그래서 해를 공부했다고 하면, 해를 이해하고 해에 대한 이런저런 정보를 체계적으로 누군가에게 설명할 수 있어야 한다.

달을 공부했다고 하면 역시 달에 대해서도 자세히 설명할 수 있어야 한다.

책읽기, 이제 이 말의 의미를 풀어 볼 때가 된 듯하다. 체계적인 지식을 갖추는데 책읽기만 한 것이 어디 있으랴! 책읽기는 가장 좋은 공부법이다. 주의할 점은 책읽기가 가장 좋은 공부 방법이기도 하지만 유일한 방법이기도 하다는 것이다.

왜 책읽기가 최고의 공부법인가. 핵심은 책에 있다. 공부는 지식을 갖추는 일인데 책은 그 지식을 담고 있다. 그러니 당연히 지식을 갖추는 공부를 하려면 지식을 갖추고 있는 책을 읽어야 한다. 그런데 정말 책만이 지식을 갖춘 것일까? 그렇게 묻는다면, 그렇다. 책만이 유일하게 지식을 담고 있다고 말하고 싶다.

비슷한 것이 있기는 하다. 첫 번째가 강의다. 아마도 많은 사람들이 책보다는 강의를 좋아할 것이다. 책은 읽어 내기 어려운데 강의를 듣는 일은 책을 보는 일보다는 쉽기 때문이다. 하여간 강의가 좀 더 쉬워서 강의를 듣고 책과 비슷한 지식을 갖추고 싶으면 일주일에 1회 2시간 또는 3시간 정도의 강의를 최소 4개월 정도에 걸쳐서 16회 정도의 분량을 들어야 한다. 왜냐하면 강의는 책을 풀이하는 것인데 보통 지식을 담고 있는 책을 풀이하려면 그 정도의 시간은 걸리기 때문이다. 보통 학교에서 1학기 정도의 시간이다.

두 번째가 체험이다. 직접 경험함으로써 지식을 갖추는 것이다.

그런데 이 체험으로 책 한 권의 지식을 갖추려면 책의 내용에 따라 달라지겠지만, 최소 6개월에서 길면 평생이 걸릴 수도 있다. 어떤 책은 평생에 걸쳐 얻은 지식을 담은 것이기 때문이다.

보통 이 두 가지가 지식을 갖추는 방법이다. 책읽기와 비교한다면 장점과 단점이 있다. 강의와 체험이 책읽기보다 시간이 오래 걸리고 비용도 많이 든다. 책읽기의 장점은 책 한 권이라는 매우 적은 비용과 언제 어디서든 활용 가능한 점이 있다. 반면 읽기 능력을 갖추기 어려워 책읽기를 잘 하지 못한다는 단점이 있다. 아주 세세한 것들까지 알 수 있는 강의나 체험처럼 책에 이러한 것들을 모두 적어 놓을 수 없기 때문이다. 만약, 모두 적는다면 한 권이 아니라 열 권, 백 권이 될지도 모른다. 하여간 책읽기 능력을 갖추어야 하는 어려움은 있지만 지식을 갖추기에는 책읽기만한 것은 없다.

책읽기에 필요한 문해 능력

구체적으로 책읽기를 하려면 어느 정도의 책읽기 능력을 갖추어야 할까? 지금부터 책읽기가 가능한 문해 능력의 수준을 살펴보려고 한다. 먼저, 문해 능력이 무엇인지 알아보자.

문해 능력 : 일상적인 활동, 가정, 일터, 그리고 지역 사회에서 문서화

된 정보를 이해하고 활용할 수 있는 능력

〈국제성인문해조사(IALS)〉

우리가 알고 있는 문해 능력과 조금 다른 듯하다. 글자를 모르는 것이 비문해로 알려져 있기 때문이다.

문자 해득 능력 : 일상생활을 영위하는데 필요한 기초 능력
〈2007년 개정된 평생교육법〉

그런데 문해 능력을 인권의 하나로 보는 세계적인 추세에 따라 우리의 문해 능력 개념도 이를 반영하고 있다.

문해 능력은 단지 글을 쓸 줄 아는 능력이 아니라, 모든 교육의 토대가 되는 인간 생활의 가장 기본적인 능력으로 개인이 교육받을 수 있는 권리를 실현하는 기본 전제입니다. 이는 인간의 성장, 사회·경제적 발전, 민주주의 가치 실현을 위해 반드시 갖추어야 할 기초 능력이며, 모든 국민이 가져야 하는 '권리'입니다. 문해 능력은 최근 성인의 기초 생애 능력으로 간주되며, OECD, UNESCO, EU 등에 의해 포괄적이면서 구체적인 능력으로 개념이 확장되고 있습니다.

〈국가평생교육진흥원〉

문자 해득 능력, 즉 문해 능력에 대해 성인 문해 교육 지원 사업을 펼치고 있는 국가평생교육진흥원은 위와 같이 자세하게 설명하고 있다. 이에 따르면 더이상 문해 능력은 단지 글자를 읽고 쓸 줄 아는 능력으로 보지 않는다. 그런데 일상생활을 영위하는데 필요한 기초 능력이란 설명은 문해 능력을 이해하기 조금 막연한 느낌이 있다. 일상생활에는 아주 간단한 글부터 아주 복잡한 문서까지 모든 글을 포함하기 때문이다. 그래서 앞에서 살펴보았던 국제성인문해조사(IALS)의 기준으로 다시 한 번 문해 능력을 세분화해 보자.

줄글(산문 문해) : 논설, 기사, 시, 소설을 포함하는 텍스트 정보를 이해하고 사용하는데 필요한 지식과 기술

문서(문서 문해) : 구직 원서, 급여 양식, 대중교통 시간표, 지도, 표, 그래프 등 다양한 형태의 문서에 포함되어 있는 정보를 찾고 사용하는데 필요한 지식과 기술

그림 · 표 · 그래프(수량 문해) : 금전 출납, 팁 계산, 대출 이자 계산 등 인쇄된 자료에 포함된 숫자를 계산하거나 수학 공식을 적용하는데 필요한 지식과 기술

이 글들을 해득하는 문해 능력을 세분화하면 다음과 같다.

1단계 : 문해에 매우 취약한 수준. 예를 들어, 의약품의 설명서에서 투약할 약의 양을 정확하게 결정하지 못한다.

2단계 : 일상적인 문해 능력이 요구되는 일에 가까스로 기술을 적용하여 사용할 수 있으나 새로운 요구에 부딪혔을 때 문해 능력이 부족한 수준.

3단계 : 복잡한 일과 일상에서 요구되는 것에 대처하기 위한 최소한의 수준. 예를 들어, 대학 입학에 요구되는 기술 수준을 대략적으로 수행할 수 있다.

4~5단계 : 고도의 정보 처리 및 기술 능력을 구사하는 수준.

〈한국교육개발원 2001 한국성인의 문해실태 및 OECD 국제비교조사 연구, P26〉

그러니까 국제성인문해조사(IALS)는 문해 능력의 대상이 되는 글을 산문과 문서, 수량 등 세 가지로 구분했다는 것과 문해 능력을 1~5단계 수준으로 구분했다는 것이다. 여기서 우리가 주목할 것은 글의 종류에서 신문 기사 수준의 산문, 산문에 표와 그래프 등 양식화된 글이 포함된 것, 수리적인 요소가 담겨 있는 글로 구분한 것이다. 하지만 사실상 조금이라도 체계적인 지식을 다루는 글이라면, '산문 + 표·그래프 + 수리'가 포함된 글이므로 구분이 필요 없다.

흔히 학교 교육에서 국어는 도구 과목이라는 말을 한다. 국어, 특히 문해 능력(읽기 능력)은 다른 교과목을 공부하기 위해 필요한 과목이라는 것이다. 위에서도 보았듯이 글은 산문만이 아니라 표와 그래프, 그리고 수리적인 내용이 있기 때문에 사실상 모든 교과목의 글은 앞에서 보았던 '산문 + 표·그래프 + 수리'가 포함된 글이라고 볼 수 있다. 그러니 국어가 도구 과목이라는 말은 틀리지 않는다.

또 주목할 것은 글을 해득하는 문해 능력 단계 중 2단계로, 2단계는 새로운 직업에 필요한 기술을 가까스로 습득할 수 있는 수준이다. 즉 2단계는 부족한 수준으로, 새로운 지식을 얻기 위해서는 최소 3단계 수준의 문해 능력이 필요하다.

조사 결과, 산문 문해 능력은 평균 2단계이고, 3단계 이상이 48.3%, 문서 문해 능력은 평균 2단계이고, 3단계 이상이 24.3%, 수량 문해 능력 평균 3단계, 3단계 이상이 56.6%로 나타났습니다.
〈한국교육개발원 2001 한국성인의 문해 실태 및 OECD 국제비교조사연구, pp139~140〉

그런데 위에서 보는 바와 같이 우리나라 성인의 평균 문해 능력은 2.3단계로 일상생활에 어려움을 겪는 수준으로 볼 수 있다. 문해 능력의 또 다른 기준을 살펴보자.

0수준 : 읽고 쓸 수 있는 능력이 전혀 없는 완전 비문해자

1수준 : 낱글자나 단어를 읽을 수는 있으나 문장에 대한 이해 능력이 없는 반문해자

2수준 : 초청장, 명함 등 간단한 생활 자료를 읽고 원하는 정보를 찾아낼 수는 있으나 다소 길거나 복잡한 문장을 이해하지 못하는 수준

3수준 : 신문 기사나 광고, 공공 기관 서식 등 일상적인 생활 자료를 대부분 이해할 수는 있으나 법령문 등과 같은 복잡한 문서를 이해하지 못하는 수준

4수준 : 길고 어려운 문장이나 내용이 복잡한 글을 이해할 수 있고 글에 직접적으로 드러나 있지 않은 내용 또한 추론할 수 있는 수준

〈국립국어원 2008 국민의 기초 문해력 조사〉

가장 최근의 문해 능력 조사는 2008년 국립국어원에서 실시되었는데 결과에 따르면 우리나라 성인의 문해 능력 평균은 3수준이다. 앞서 2001년의 조사와 비슷하다. 즉, 일상생활에 큰 지장은 없으나 일상적이지 않은 문서의 문해에 어려움을 느끼는 수준이라고 할 수 있다. 국립국어원에 따르면 3수준은 중학생 평균의 70~80% 수준이라고 한다.

이상으로 공부에 필요한 문해 능력을 살펴보았다. 결론부터 말하자면 책읽기는 최고 수준의 문해 능력이 필요하다고 할 수 있다.

구체적으로 위에서 살펴본 기준으로 보자면 책읽기는 국제성인문해조사(IALS)의 기준으로 4~5단계, 국립국어원 기초 문해력 기준으로는 4수준이다. 역시 공부는 쉬운 일이 아닌 모양이다.

일상생활에 지장이 없는 정도의 문해 능력은 중학교 졸업 수준이면 가능하다. 하지만 어느 분야가 되었든 그 분야의 전문가가 되어 사회에 기여하려면 그 정도의 문해 능력으로는 힘들다. 끊임없이 공부해야 하기 때문이다. 공부는 책읽기가 필수이니 4~5단계 혹은 4수준의 문해 수준은 필수다. 책읽기는 전문가가 되기 위한 책읽기 방법인 것이다.

독서법

이제 책읽기의 윤곽이 좀 드러났으니 다른 책읽기 방법과 비교하여 더 자세하게 살펴보겠다. 익히 들어 보았던 책읽기 방법들이어서 읽기에 부담은 없을 것이다.

낭독(朗讀) : 큰 소리로 읽기

책이 드물었을 때, 여러 사람이 같이 들을 수 있도록 읽었던 방법이다. 현대는 시 낭송 등 특별한 경우에 읽는 법이다. 집단적인 책읽기 방법이라고도 할 수 있다.

음독(音讀) : 작은 소리로 읽기

보통 한 사람이 중얼거리듯이 읽는 방법이다. 집중하기 위해 간혹 이렇게 소리 내어 읽는 경우가 있다. 특히 한문을 읽을 때는 음독이 가장 좋은 방법으로 알려져 있다.

묵독(默讀) : 소리 내지 않고 읽기

조용히 눈으로 읽는 방법이다. 소리 내어 읽기가 곤란한 경우에 읽는 방법이기도 하다. 현대는 묵독이 일반적이다.

여기까지는 책을 소리 내어 읽는지에 따라 구분한 것이다. 책의 보급과 함께 읽기 방법도 달라졌다. 다음은 다른 관점에서 본 책읽기 방법이다.

통독(通讀) : 책 전체를 훑어 읽기

훑는다는 표현은 일정한 범위를 한쪽에서 시작하여 죽 더듬거나 살핀다는 뜻이므로 아주 자세히 읽는 것은 아니다. 그러나 예전에는 한 가지 책을 몇 번이고 읽어서 통달(通達)하게 읽는다는 뜻으로 쓰인 모양이다. 참 좋은 책읽기 방법이다. 하지만 지금은 자세하게 읽는다는 뜻으로 사용하지는 않는다. 어떤 책인지, 어떤 내용을 담고 있는지, 한번 훑어보기 위한 책읽기 방법이다. 자세하게 읽지 않는 행위를 포함한 독서 행위를 이르는 다른 말들이 있어서 소개한다.

범독(泛讀) : 정신을 기울이지 않고 글을 데면데면하게 읽음. 이것저것 여러 가지를 널리 읽음
비독(飛讀) : 여기저기 빼놓고 넘어가면서 띄엄띄엄 읽음.
약독(略讀) : 중요한 대목만 대충 읽음

모두 제대로, 진지하게, 자세하게 읽지 않는 모습이다. 다음은 그 정도는 아니지만 필요한 부분만 골라 읽는 방법이 있다.

적독(摘讀) : 띄엄띄엄 가려서 읽음

다음은 앞서 설명한 책읽기 방법의 반대편에 있는 방법이다.

정독(正讀), 정독(情讀), 정독(精讀)

각각 글의 참뜻을 바르게 파악함, 마음을 붙여 읽음, 뜻을 새겨가며 자세히 읽는다는 뜻으로 모두 자세히 읽는다는 행위가 들어 있는 읽기법이다. 깊이 읽기에 가까운 독서법이다.

다음은 또 다른 관점에서 본 읽기법이다.

다독(多讀) : 많이 읽음
속독(速讀) : 빠른 속도로 읽음
윤독(輪讀) : 여러 사람이 같은 글이나 책을 돌려 가며 읽음
숙독(熟讀) : 글의 뜻을 잘 생각하면서 차분하게 하나하나 읽음
강독(講讀) : 글을 읽고 그 뜻을 밝힘. 또는 그런 과목
난독(亂讀) : 책의 내용이나 수준 따위를 가리지 아니하고 아무 책이나 닥치는 대로 마구 읽음. 남독(濫讀)

마지막으로 인터넷 등 디지털의 발달로 새롭게 생긴 읽기법도 있다.

검색독(檢索讀) : 필요한 부분만 검색해서 읽음

적독(摘讀)이 책 한 권을 대상으로 필요한 부분만 읽었던 것이라면 검색독은 데이터베이스에 접속해서 필요한 부분만 읽는 방법이

라고 할 수 있다. 최근 우리에게 매우 익숙한 방법이기도 하다.

이 정도면 대략 책읽기 방법을 다 소개한 편이다. 새로운 관점을 부여해서 이름붙이면 역시 책읽기 방법이 되니 그만해도 될 것이다. 소개된 책읽기 방법은 각각 다 필요에 따라 생긴 것이다. 그러므로 필요에 따라 선택해서 읽으면 될 것이다. 다만, 학습할 때는 피해야 할 방법과 실천해야 할 방법이 있으니 주의하자.

체계적인 지식을 습득하는 과정에 책읽기가 있다. 체계적이라는 것은 작은 것이 모여 좀 더 큰 것을 이루며, 질서가 있다는 것이다. 그러므로 이런 지식을 습득하기 위해 책을 읽는다면, 자세히 읽지 않는 책읽기 방법보다는 자세하게 읽는 법이 필요하다. 정독(正讀), 정독(情讀), 정독(精讀)이 필요한 셈이다. 거기에 세부적으로 숙독(熟讀) 등 읽기의 속도와 무관하게 충분히 생각하는 책읽기도 필요하다. 또한 1회만 읽어서 되는 것이 아니므로 예전 의미의 통독(通讀)도 필요하다. 그리고 마지막에 소개한 검색독(檢索讀)이 있는데, 현대 사회에서 모든 사물을 책을 읽어서 이해할 수는 없는 것이므로 사용하되, 다만 제대로 알아야 할 것이라면 검색독에서 그치지 말고 반드시 책을 찾아 읽어야 할 것이다.

상향식 읽기, 하향식 읽기

한참 이야기하다 보니 책읽기가 매우 어려운 것처럼 느껴질까 걱정이다. 이번에는 책읽기가 누구나 익힐 수 있다는 이야기를 해 보려고 한다.

읽기는 크게 두 가지 방향이 있다. 하나는 상향식 읽기이고, 다른 하나는 하향식 읽기다. 이는 이론적인 설명이고, 실제는 이 둘이 동시에 이루어진다. 이를 상호 작용이라고 한다. 상향식 읽기라고 부르는 것은 글자를 이해하고, 낱말을 이해하고, 문장을 이해하고, 문단을 이해하고, 그렇게 글의 뜻을 이해하는 과정을 말한다. 하향식 읽기는 이미 알고 있는 것으로 글을 이해하는 과정을 말한다. 예를 들어 보자.

1은 숫자이지만 여기서는 나무를 표현하는 기호로 사용하겠습니다. 그러면 '1+1'은 '나무+나무'가 됩니다. 그것은 두 그루의 나무인지, 나무가 두 그루 있으니까 숲으로 볼 것인지는 정하지 않겠습니다. 그저 1을 나무로 표현하는 것입니다. 그러면 '1-1'은 무엇일까요?

위 예문은 읽어 가면서 글의 뜻을 이해하는 과정이다. 앞의 문장을 따라가면 누구나 '1-1'을 '나무-나무'라고 할 수 있다. 그런데 그렇지 못한 경우가 있다. 유명한 예문을 들어 본다.

  그 과정은 실제로는 단순하다. 우선, 사물들을 그들의 모양에 따라 여러 그룹으로 나누어 정돈한다. 할 일이 얼마냐에 따라 한 묶음으로 충분할지 모른다. 시설물의 부족 때문에 그밖에 다른 곳으로 가야한다면 그것은 다음 단계의 일이고, 그렇지 않으면 아주 잘 될 것이다. 중요한 것은 어떤 특별한 일을 과도하게 하지 않는 것이다. 즉, 너무 많은 것보다는 아주 적은 것이 더 좋다. 이것은 중요하지 않게 보일지 모르지만, 그러나 너무 많은 것을 함으로써 일이 복잡하게 되는 경우가 쉽게 일어날 수가 있다. 한 번 잘못하면 비싼 대가를 치를 수 있다.
  이 모든 절차는 처음에는 꽤 복잡하게 보일지 모르나, 곧 이 일이 생의 또 다른 한 면임을 알게 된다. 가까운 장래에 이 일을 하지 않아도 되리라고는 생각하지 않는다. 그러나 아무도 알 수 없다. 일단 이 일이 끝난 다음에는 항목들을 다시 분류한다. 그리고 적당한 장소에 넣어 둔다. 이 항목들은 나중에 다시 사용하게 될 것이다. 그 다음부터는 지금까지의 모든 절차가 다시 반복될 것이다. 결국 이것은 생의 한 부분이다.

  이 예문은 하향식 읽기에서 스키마라고 부르는, 이미 알고 있는 것의 중요성을 말할 때 예문으로 사용한다. 이 글을 처음 읽는 사람은 이해하기 힘들 것이다. 그것은 처음에 시작하는 문장에서 무엇에 대해 말하고 있는지 알려 주지 않기 때문이다. 혹은 알려 주었다고 해도 대상을 모르고 있다면 역시 마찬가지다. 하지만 무엇에 대해 말해 주지 않았다고 해도 이것이 세탁기라는 것을 알고 있는 사람은 금방 이해할 수 있다. 아마도 처음부터는 아니더라도, 읽다가 세탁기에 대한 이야기라는 것을 알게 되었을 것이다.

이렇듯 하향식 읽기는 이미 알고 있는 것(스키마)으로, 우리가 보통 배경지식이라고 부르는 것의 중요성을 말한다. 그런데 그 배경지식은 어떻게 생길까? 역시 책읽기를 통해 생긴다. 그러므로 결국 앞서 살펴본 상향식 읽기를 통해 배경지식을 갖추게 되는 과정이 있어야 한다. 읽기가 하향식으로만 이루어질 수 없는 이유이다. 물론 스키마는 중요하다.

읽는 이의 관점에 따라 책의 내용을 다르게 이해할 수도 있다. 그것은 상호 작용론의 입장이다. 관점에 따라 사물이 달리 보이는 경험을 하지 않은 사람은 없을 정도로 일반적인 일이기도 하다. 손님과 상점 주인의 관점은 분명 다르다. 마찬가지로 독자가 남성인 경우와 여성인 경우, 성인인 경우와 청소년인 경우 등 독자의 상황에 따라 책의 내용을 보는 관점이 다 다를 것이다. 하지만 분명한 건 사실이 바뀌지 않는다는 것이다. 책에 버스가 있었다는 내용이 있었다면 독자가 누구든 간에 책 내용에 버스가 있는 것은 분명하다.

그런 의미에서 상향식 읽기는 책읽기의 기본이 된다. 낱말과 문장을 통해 분명한 사실 중심으로 이해하는 과정이기 때문이다. 그리고 상향식 읽기는 읽기에 능숙한 사람들만이 할 수 있는 것도 아니다. 말 그대로 글자만 알면 누구나 할 수 있는 일이다. 물론 능숙한 독자의 능력이 더 뛰어나겠지만 초보 독서가가 할 수 없는 일은 아닌 것이다.

책읽기는 상향식 읽기 능력에 가깝다. 문장의 의미를 잘 파악하고, 문맥을 잘 따라가서 책의 내용을 잘 이해하는 읽기법이기 때문이다. 그래서 글자만 알면 누구든지 할 수 있다. 처음엔 낯설겠지만 차차 나아질 것이다. 그렇게 익숙해지면 어느새 하향식 읽기도 하게 될 것이다. 그렇게 공부를 많이 해서 전문가가 되면, 전문가가 되었다는 것은 그 분야에 대해서는 많이 알고 있으므로, 그 분야의 책은 상향식으로 읽지 않아도 통독만으로도 책의 내용을 쉽게 이해할 수 있다. 그러므로 결국 하향식 읽기는 전문가에 적합한 책읽기에 가깝다. 그래서 하향식 읽기는 배울 수 있는 것이 아니다. 전문가가 되면서 갖춰진다. 그래서 배울 수 있는 책읽기는 상향식 읽기다. 국어 시간에 배우는 방법도 상향식 읽기다.

다시 한 번 말하자면, 상향식 읽기는 책읽기의 출발점이고, 기본이다. 책을 처음 접한 사람은 여기에서 시작한다. 그리고 그것을 배워야 한다. 백 번 읽으면 뜻을 저절로 알게 되니 많이 읽기만 하면 된다는 것으로는 능숙한 독자가 되기 어렵다. 시험에 도전했다가 중단하는 이유처럼 능숙한 독자가 되지 못한 이유는 상향식 읽기를 체계적으로 배우지 못했기 때문이다. 단언컨대, 상향식 읽기는 배워야 하는 것이다. 문장을 어떻게 읽어야 하는지, 문단을 어떻게 읽어야 하는지 배워야 한다. 그래서 그것은 배우기만 하면 누구든지 할 수 있는 일이다. 그렇게 책읽기는 배워서 익혀야 할 지식이고 기술이 맞다.

책읽기와 자기주도학습

자기 주도 학습은 공부하는 사람이라면 반드시 갖추어야 할 필수 능력 중의 하나다. 스스로 공부할 수 있는 능력을 갖추는 것은 어찌 보면 당연한 것인데 선생님의 지도 없이는 공부하기 힘들다는 호소는 참으로 이상한 일이 아닐 수 없다.

자기 주도 학습의 대부분은 책을 읽는 일이다. 그러니 책읽기가 기본이다. 그런데 책읽기를 익히지 못했으니 공부가 힘들 것이다. 공부가 제일 쉬웠다는 농담 반 진담 반의 이야기가 있다. 책읽기 능력을 갖추었다면 공부가 그리 어려운 일이 아니기 때문에 충분히 가능한 이야기다. 가끔 독학으로 어려운 시험에 합격하거나 실력을 갖춘 사람을 볼 수 있는데, 이 역시 책읽기 능력을 갖추었기 때문이다.

책읽기의 덤, 합격

이번에는 책읽기가 주는 의외의 선물 이야기다. 특별히 준비하지 않아도 시험에 합격할 수 있게 하는 책읽기에 대한 이야기다. 공부는 시험을 위한 것이 아니라 일을 위한 것이다. 시험은 그 일을 할 때 필요한 지식을 확인하는 과정이다. 일에는 지식만이 아니라 기술과 실제 경험 등도 필요하기 때문에 시험에 통과했다고 능력이 검증된 것은 아니다. 일에 필요한 기본 지식이 검증된 것이다. 그래서 합격은 나름 큰 의미가 있다. 어떤 일을 하려면 첫 번째 관문에 꼭 시험이 있는 이유가 거기 있을 것이다. 그런데 이 시험이 쉽지 않다. 그래서 정말 힘든 수험 생활을 잘 견뎌 낸 사람만이 합격의 기쁨을 누린다. 그러나 그 속을 보면, 책읽기가 자리 잡고 있는 것을 볼 수 있다. 합격한 사람은 공부를 참 잘했는데, 그 공부를 가능하게 한 것은 읽기 능력이라는 것을 합격 수기를 읽어 보면 금방 알 수 있다.

사법 고시라든가 공무원 시험, 어려운 자격증에 도전해서 성공한 합격 수기를 보면, 시험에 합격하기 위해서는 시험 과목의 책을 평균 10회독을 한다. 앞에서 살펴본 예전 의미의 통독(通讀)을 10회 한다고 볼 수 있다. 1회독은 약하게, 그리고 2회독부터는 점점 강도를 높여 정독을 한다. 그렇게 7회독이 끝나면 이제 충분히 내용을 이해하고 구석구석도 알았기 때문에 다시 강도를 줄여서 10회독까지 한다. 그러면 거의 합격의 기쁨을 누린다고 한다.

문제는 10회독을 해낼 수 있느냐는 것이다. 10회독을 하기 위해서는 반드시 책읽기를 할 수 있어야 하는데 이것이 쉽게 갖출 수 없는 것이기 때문이다. 어쩌면 수험 생활을 시작하면서 책읽기 능력을 갖추느냐 아니냐, 그것이 합격의 기쁨을 누리느냐 못 누리느냐로 갈라질 것 같기도 하다. 그런데 반대로 생각하면 수험 생활을 통해서 책읽기 능력을 갖추기도 하니 수험 생활도 책읽기를 갖춘다는 입장에서 보면 좋은 기회이기도 하다. 그럼, 어떤 사람은 성공하고 어떤 사람은 중단하게 될까? 물론 그렇게 되는 것은 정말 많은 이유가 있기 때문에 단순하게 어느 하나의 이유라고는 할 수 없다. 다만 한 가지 이유가 되는 것은 맞다.

그 한 가지 이유를 설명해 보자. 책읽기 관점에서 보면, 1회독은 수험 생활을 시작한 사람이라면 모두 이룰 것이다. 다만 상황은 조금씩 다를 것이다. 어떤 사람은 훑어보는 선에서 1회독을 마칠 것이다. 그렇다고 필요한 것만 읽는 적독(摘讀)의 형태는 아니다. 정독은 아니지만 모든 문장을 다 읽어 보는 모양일 것이다. 또 어떤 사람은 1회독부터 정독을 할 것이다. 그러나 합격 수기를 보면 1회독부터 정독을 한다는 것은 마라톤에서 출발과 함께 100미터 달리기를 하는 것과 같아서 권하지 않는다. 이는 책읽기 능력을 갖추지 않은 상태에서 처음부터 책읽기를 하는 것은 바람직하지 않다고 볼 수 있다. 그래서 합격 수기를 보면, 1회독부터 정독을 하면 지쳐서 중단하게 된다고 한다.

 그렇다면 1회독을 훑어보기로 통독(通讀)을 하는 사람은 성공 가능성이 높을까? 그렇지 않을 것이다. 2회독이든 3회독이든 5회독이든 결국 언젠가는 정독을 해야 하기 때문이다. 훑어보기 통독으로 10회독을 한다고 해서 정독을 해야만 알 수 있는 구석구석의 이해는 없을 것이다. 결국 정독으로 가는 사람만이 합격의 기쁨을 누릴 수 있게 될 것이다. 책읽기는 이 정독의 기술이기도 하다. 정독은 자세히 읽기인데 단순히 자세히 읽기만 한다고 해서 책의 내용이 저절로 이해되고 기억되는 것은 아니다. 앞서 살펴본 대로 백 번 읽으면 그렇게 될 가능성이 높다. 그러나 그렇게 하기에는 시험 과목과 내용이 너무 많아서 수험 생활이 길어질 가능성이 높다. 백 번이 아니라 10회독 정도, 더 줄면 줄수록 좋을 것이다.

 문장의 뜻을 이해하는 것은 생각보다 어렵다. 특히 공무원 시험 등에는 법률 지식이 많이 필요한데 이 법률 문장은 일반 문장보다 어렵다. 단순히 한자어가 많아서는 아니다. 정확한 뜻을 담기 위해 매우 부분적인 뜻만 담기도 하고, 어떤 경우에는 특수한 상황을 표현하기 위해 문장이 매우 길어지기도 하기 때문이다. 하여간 문장의 이해부터 부딪힌다. 그렇게 어려운 문장이 모여 글이 되니, 글이 문장보다 더 어려운 것은 더 말할 것도 없다.

사실 모든 시험에 등장하는 글은 일상의 글보다 어렵다. 뜻이 좀 부족해도 다시 물어보고 확인하고, 다시 고쳐 쓸 수 있는 일상의 글과는 달리 뜻이 분명해야 하고, 모순도 없어야 하기 때문이다. 즉, 매우 체계적인 글이어서 매우 자세하게 읽어야 하는 어려움이 있다. 모든 사람이 시험을 봐야 하는 것은 아니다. 그럼에도 시험은 우리 생활 중의 하나다. 학교 시험부터 자격시험까지 꼭 필요한 시험이 하나쯤 생기게 마련이다. 미리 책읽기를 익혀 두면 시험 볼 일이 생겼을 때 고생을 덜하지 않을까.

책

8장
책은 아무리 두꺼워도
한 문장으로 모인다

제목 읽기

　제목과 내용이 다른 책들이 있다. 보통 이야기하려는 대상만 제목으로 적는 경우가 많기 때문이다. 가령, 산에 갈 때는 반드시 산을 내려올 때까지 비상 상황에 대비해야 한다는 내용의 책이라면, 이때 제목은 '산'이 들어가는 것이 일반적이다. 하지만 비상 상황에 대비해야 한다는 표현은 길기도 하고, 너무 구체적이기도 해서 제목으로 적기를 꺼린다. 적절하게 관심을 끌게 하는 것이 현실적인 책의 제목의 용도도 있기 때문이다. 그래서 '비상 상황에 대비해야 하는 산'이라는 내용을 담는 제목을 고민해야 하는 것이 정상이지만 그 정상적인 제목은 너무 평범해서 좀 더 관심을 끌만한 제목을 찾기 시작한다. 그래서 '산 속의 비상구'같은 상징적이고, 뭔가 궁금증을 유발하는 제목을 짓는다. 독자들도 재미있는 제목이라고 긍정적인 반응을 보이고, 실제 그렇게 책을 구입하기도 한다.
　하지만 제목은 책이 담고 있는 내용을 충실하게 반영하는 것이 바람직하다. 그것은 앞서 얘기했듯이 글을 읽을 때도 마찬가지다. 제목을 보고 글의 내용, 즉 주제를 짐작할 수 있어야 하는 것처럼, 책의 제목도 같은 역할을 한다. 어쨌거나 제목과 다른 책들이 종종 있어 책의 내용을 제목만으로는 알 수 없으니 다른 방법을 찾아야 한다. 그것이 차례다.

차례는 제목보다 훨씬 많은 정보를 담고 있기 때문에 제목보다 책의 내용을 오해할 일은 없다. 하지만 차례도 책 속의 작은 글들의 제목이기 때문에 제목의 함정이 있다. 그래서 차례 속의 제목에도 주의를 기울여야 한다.

그렇게 차례 속의 제목들을 보고 책의 내용을 좀 더 확인할 수 있지만 여전히 책을 다 읽지 않고서는 책의 정확한 주제를 확인할 방법은 없다. 그래서 저자를 믿거나, 출판사를 믿거나, 유명세를 믿거나, 권위 있는 사람들의 추천 등을 보고 최종으로 책을 선택하게 된다. 참고로 고전은 그런 과정이 모두 확인된 책들이어서 믿고 볼 수 있는 책이라고 할 수 있다.

책을 다 읽어 보고 나서야 읽을 것인지 판단할 수는 없는 노릇이고, 또 모든 책이 유명 저자가 쓴 것도 아니고 유명 출판사의 것도 아니고 추천이 있는 것도 아니니 읽어도 좋을 책인지 판단하는 일은 사실 쉽지 않다. 그래서 다음과 같은 방법을 제안한다.

대상에 대해 설명한 문장을 확인하라.

예를 들어 '읽기'에 대한 내용을 담은 책이라면 '읽기는 글자를 읽는 것이 아니라 글자를 읽고 글의 뜻을 이해하는 것을 말한다'처럼 '읽기'라고 하는 대상에 대해 설명한 문장을 확인해야 한다. 색인이 있거나 전자책인 경우라면 검색을 통해서 책에서 이야기하려고 하는 대상을 찾아서 대상에 대해 설명한 문장을 찾아 내가 읽어야 하는 대상이 맞는지 확인해야 한다. 또 위 예문에서 볼 수 있듯이 그 과정에서 정보를 확인할 수 있기 때문이다.

색인이 없고 전자책이 아닌 종이책에서도 위 예문과 같은 문장을 찾는 일은 그렇게 어렵지 않을 것이다. 대부분 책의 앞부분에서 대상에 대한 설명이 있기 마련이다. 대상에 대한 정보를 담고 있는 문장을 몇 개만 찾아서 확인한다면, 그 책을 읽어야 할지 혹은 아쉽지만 내가 원하는 대상과 정보가 아니어서 여유가 있을 때 읽어야 할 것인지 판단할 수 있을 것이다.

글 한 편 읽기

요즘 책은 보통 200쪽 내외 분량으로 구성된다. 그리고 책 속의 작은 부분인 짧은 글은 5쪽 내외다. 그러므로 책은 약 40개 정도의 글로 구성된다. 물론 실제 구성은 책에 따라 다를 수 있다. 그리고 책 역시 글과 마찬가지로 처음, 중간, 끝으로 구성하는 것이 기본이다. 그래서 모든 책은 세 개의 부분으로 구분할 수 있다.

아무리 짧아도 책은 긴 글이어서 여러 부분으로 구분할 수 있다. 그래야 조금이라도 이해하기 쉽기 때문이다. 1부, 2부의 부(部)도 그 중의 하나로 책의 가장 큰 부분이다. 일반적으로 책은 처음, 중간, 끝의 3부가 기본이 된다. 물론 책에 따라 4부, 5부로 구성되기도 한다. 필요하다면 6부, 7부, 10부도 가능하다.

'부'는 '장(章)'이라고 하는 여러 개의 작은 부분을 포함한다. '장' 역시 여러 개의 글을 포함하고 있다. '부' 역시 장이 3개 이상이 될 수 있다. 1개의 글만으로는 너무 짧아서 '장'이 구성되기 힘들기 때문이다. 만약 1개의 글로 '장'이 구성된다면 '장'보다 큰 '부'도 범위가 매우 작아지게 된다. 이럴 경우 1권의 책으로 구성되기 어렵다. 물론 매우 짧은 책도 있을 수 있다. 그런 책은 보통 좀 긴 글 1편으로 구성된다. 어쨌거나 일반적으로는 '부'도 여러 개의 글로 이루어진다.

'장'도 그 안에 더 작은 부분을 담고 있는데, 그것을 '절(節)'이라고 부른다. '절'에도 짧은 글 3편 이상이 들어간다. 어떤 작은 부분을 이야기한다고 해도 3편 정도는 할 이야기가 있기 때문이다. 그리고 그 '절'이 안고 있는 짧은 글이 '편(篇)'이다.

짧다고 표현했지만 짧은 글은 짧지 않을 수도 있다. 짧다고 하는 것은 전체 이야기 중에서 작은 부분을 이야기한다. 또 책 전체로 볼 때 글이 상대적으로 짧게 느껴지기 때문이다. 그 작은 부분을 설명하는데 좀 복잡해서 길어질 수도 있다.

'편' 아래에는 조(條), 항(項), 목(目) 등의 이름이 더 있으나, 그것은 그저 글을 설명하는 과정 속의 작은 부분들이고, 우리가 일상에서 사용하는 것은 시 한 편, 소설 한 편을 읽었다고 할 때 쓰는 '편'이다.

중요하지도 않은 이야기가 길어졌다. 부, 장, 절, 편에 대한 이야기를 하려고 하는 것은 아니다. 책이 이와 같이 구성되어 있으니, 이런 책을 어떻게 읽어 내야 하는 것이 좋은지, 그 이야기를 하려는 것이다.

문장이 단어로 이루어진 것처럼, 문단이 문장으로 이루어진 것처럼, 단락이 문단으로 이루어진 것처럼, 1권의 책은 짧은 글, 글 한 편 한 편으로 이루어져 있다. 그래서 책읽기의 기본은 글 한 편을 읽는 일이다.

우리는 짧은 글을 읽고, 그런 것이 있구나, 그렇게 하고 다음 글 한 편으로 넘어간다. 그리고 그렇게 또 읽고 또 다음 글로 눈을 보낸다. 그렇게 담담하게 문장을 읽어 내는 것이 우리가 책을 읽는 모습이다. 하지만 앞에서 살펴보았지만 글을 그렇게 읽어서는 글의 내용을 이해하기 힘들다. 한 문장을 읽고, 다음 문장을 읽고, 그 두 문장의 관계를 읽어 문맥을 파악하고, 그렇게 글 한 편을 끝까지 온전하게 읽어 내야 한다.

그런 이유로 책읽기에서 가장 중요한 것은 '절' 속에 짧은 글을,

한 문장 읽기처럼, 온전히 읽어 내고, 다음 짧은 글을 온전히 읽어 내고, 두 문장 읽기처럼 그 두 편의 짧은 글의 관계를 이해하는 일이다. 모든 편의 짧은 글을 그렇게 읽어 내야 비로소 '절'에서 하고 싶은 이야기를 읽어 낼 수 있다. 또 그렇게 또 다른 '절' 속의 짧은 글을 읽어 내어 '장'의 주제를 읽어 내고, 또 그렇게 '부'의 주제를 읽어 내야 한다. 그렇게 책 한 권에서 저자가 하고 싶은 이야기를 읽어 내야 한다. 책읽기는 그렇게 해야 한다. 그러한 책읽기는 글 한 편 읽기에서 시작한다.

글 두 편 읽기

책은 짧은 글이 기본이다. 그래서 글 한 편 읽기가 책읽기의 출발이다. 다음에 할 일은 책 속의 글 한 편과 이어지는, 글 한 편의 관계를 읽어 내는 일이다. 두 문장 읽기와 같다. 글읽기에서 단락과 단락, 문단과 문단, 문장과 문장의 관계를 읽어 내는 일이 중요했던 것처럼, 책읽기에서도 책의 내용을 이해하기 위해서는 한 편의 글과 한 편의 글, 절과 절, 장과 장, 부와 부의 관계를 읽어 내는 일이 중요하다.

글과 글 사이의 관계를 읽어 내는 일을 우리는 문맥 읽기라고 했다. 결국 읽는 일은 문맥을 이해하는 일로 완성된다. 눈에 보이는 단어와 문장을 읽는 것도 중요하지만 보이지 않는 부분, 즉 글의 흐름을 읽어 내야 글의 뜻을 온전히 읽어 낼 수 있다.

그런데 아무리 글과 글 사이의 간격을 좁히려 해도 다 하지 못한 말들이 있게 마련이다. 마치 수족관에 자갈을 넣으면 공간이 생기는 것과 마찬가지다. 자갈 사이의 공간은 크다. 글로 말하자면 단락 정도의 큰 덩어리다. 그래서 공간을 줄이기 위해 자갈 사이에 모래를 넣을 수 있다. 그것은 문장에 비유할 수 있을 것이다. 그런데도 공간이 있다. 그 공간은 물로 채울 수 있다. 그것은 단어에 비유할 수 있다. 하지만, 그렇게 수족관은 모두 채울 수 있어도 글은 단어만으로는 채울 수 없다. 여전히 단어 사이에도 공간이 있기 때문이다.

아쉽지만 글에는 물과 같이 사이를 모두 채울 수 있는 재료가 없다. 그래서 아무리 뛰어난 작가라고 해도 글에 생기는 간격을 모두 채울 수 없다. 혹은 시처럼, 아예 그 간격을 예술로 승화시키기도 한다. 어차피 채울 수 없는 것이니 오히려 여백을 만들어서 그 사이를 더 잘 표현될 수 있도록 하는 것이다. 그것은 시인의 뛰어난 통찰력을 기반으로 한다. 일상에서 그런 시도는, 능력도 모자라겠지만 설령 된다 해도 이해가 목적이기 때문에 바람직하지도 않다.

그래서 책을 읽을 때는 모든 간격에서 멈추고, 잠시 그 간격에 숨겨진 이야기에 귀를 기울여야 한다. 우리의 일상은 그렇게까지 할 여유가 없는 편이어서 익숙하지도 않고 필요성을 느끼지 못할 수도 있다. 하지만 불편함이 사라지는 것은 아니다. 그저 불편을 감수하고 있을 뿐이다. 특히 인류의 지혜가 담긴 고전을 읽기 위해서는 간격을 읽어야 하는 일이 꼭 필요한데, 그것이 익숙하지 않아 제대로 읽어 내지 못하거나 아예 읽기를 시도조차 하지 않는 것이 현실이다. 그것은 불편하지 않아서가 아니라 불편함을 거부하는 것에 가깝다.

모든 간격에서 잠시 멈춰 간격을 읽어 내는 일은 그리 어렵지 않다. 두 문장의 관계를 읽는 것이나 두 단락의 관계를 읽는 것이나, 두 글의 관계를 읽는 것이나 모두 같은 일이기 때문이다. 다만, 글은 비교적 관계가 분명하게 알 수 있는 것이라면, 책은 그 간격이 큰 편이어서 관계를 분명하게 알기 어려울 수도 있다. 그래서 시간이 좀 더 걸릴 수도 있다. 하지만 그것은 정말 독자만의 즐거움이 될 수도 있다. 간격을 더 많이 읽어 내는 것이 바로 상상 아닌가!

책 한 권 읽기

여기 이야기도 길지 않다. 글이든 책이든 다 읽었다면 한 문장의 주제문으로 읽어 내야 하는데, 글읽기 부분에서 이미 중요한 이야기는 다 했기 때문이다. 결론부터 말하자면, 책을 다 읽었다면 한 문장으로 이해할 수 있어야 한다는 것이다. 글과 마찬가지로 결국 책도 한 문장으로 귀결된다. 나열식으로 쓴 책은 주제문이 여러 문장일 수 있다. 하지만 그것도 결국 한 문장이나 다름없다. 예를 들어 라면 끓이는 법처럼, 라면 끓이는 법을 여러 부로 나누어 설명했다고 해도 각 부가 단순히 구분되어 있을 뿐이다. 라면 끓이는 방법 외의 더 이상 다른 의미는 없다.

글 한 편은 비교적 짧기 때문에 글 한 편을 주제문 한 문장으로 이해하는 것이 이상하지 않다. 하지만 책은 최소 보통 200쪽이 넘는다. 그 긴 내용을 주제문 한 문장으로 읽어 내야 한다고 하니 그럴 수 있을까 싶을 수도 있겠다. 하지만 글과 책은 같은 구조다. 책이 글을 기반으로 구성된다는 범위의 차이만 있을 뿐이다. 한 문장으로 읽어 내는 과정도 글과 같다. 책에서는 짧은 글 한 편이 문장과 같은 것이므로 먼저 문장에 해당하는 짧은 글을 읽고, 두 짧은 글의 관계, 즉 문맥을 읽어 내면 된다.

이것을 '절'에 있는 모든 글까지 계속 이어간다. '절'은 문단과 비슷한 셈이다. 그러면 '절'의 한 문장을 기본으로 다른 '절'을 또 한 문장을 읽는다. 그렇게 '절'들을 모두 한 문장의 관계로 읽는다. 그리고 그 '절'들이 포함된 '장'을 한 문장으로 읽는다. 여기서 '장'도 글의 단락과 같다. 마찬가지로 '부'도 읽어 낸다. 그러면 결국 책 한 권은 3~5개의 '부'로 이루어졌으니, 3~5개의 문장으로 읽어 낼 수 있다. 그러면 이 3~5개의 문장이 결국 책 한 권의 문단으로 남는 것. 그렇게 3~5개의 '부'로 이루어진 책에서 한 문장을 읽어 낼 수 있다.

책을 한 문장으로 읽어 냈을 때, 한 문장이라고 하는 단순함 때문에 처음엔 낯설다. 그 간단한 이야기를 이렇게 길게 썼다는 것을 인정하기 힘들 수도 있다. 하지만 사실이다. 책은 한 문장을 풀어 쓴 것이기 때문이다. 언젠가 받아들여야 될 것이다. 글 한 편이 한 문장인 것처럼, 그것이 자연스러울 때가 올 것이다.

글이 시작된 이유가 무엇인가? 하고 싶었던 한 마디를 하려고 했던 것이다. 그런데 이해하기 힘들까 싶어 설명을 붙이기 시작했다. 어떤 것은 간단하기도 하지만 어떤 것은 복잡해서 더 길어지기도 했다. 그렇게 하고 싶었던 한 마디가 글이다. 책은 이보다 한 발자국 더 나간다. 이왕 이야기하는 것이니 자세하게 두고두고 볼 수 있도록 자세하게 이야기한다. 미주알고주알 하면서 그 하고 싶은 한 마디를 한다. 그것이 책이 된 것이다. 그런 까닭으로 한 권의 책을 한 문장으로 읽어 내는 것은 사실 자연스러운 일이다.

책 두 권 읽기

한 편의 글이 아무리 길어도 한 문장으로 귀결되듯이 책이 아무리 두꺼워도 한 문장으로 귀결된다. 하고 싶은 말은 한 마디이기 때문이다. 그래서 책을 한 권만 읽어서는 안 된다. 한 권만 읽는다는 것은 한 면만 보는 것이다. 사물을 어느 한 면만 본다는 것은 매우 위험한 일이다. 그 한 면이 잘못된 것일 수 있기 때문이다.

혹자는 특정 대상을 다룬 관련 책은 보통 500권 정도라고 한다. 그렇게 관련된 책을 모두 참고하면 좋겠지만 그건 바쁜 일상에서 쉽지 않은 일이다. 그래도 최소 2권 정도는 확인하는 것이 좋을 것이다. 2권을 확인했다고 해서 안심할 것은 아니다. 새로운 사실이 발견되면, 새로운 사실을 담은 책 이외에는 모두 잘못된 내용이기 때문이다.

한편, 아무리 두꺼운 책이라도 대상의 모든 것을 다룰 수 없다. 사실 500권으로도 부족할 수 있다. 예를 들어 호랑이에 대한 책이 있다고 할 때 호랑이의 모든 것을 다 담으려면 몇 권이나 있어야 할까? 기존에 알려진 호랑이에 대한 이야기도 꽤 많을 것이다. 그런데 호랑이에 대한 새로운 사실들이 계속해서 발견되기 호랑이에 대한 책은 무한해질 것이다.

그래서 책은, 모든 것을 담을 수 없고, 끝도 없기 때문에 끝없이 읽어야 하는 것이 된다. 그런데 모든 책의 내용을 다 기억할 수도 없는 것이어서 읽은 책의 내용을 따로 정리해 둘 필요가 있다. 그때 책이 한 문장으로 정리할 수 있다는 사실은 정리에 큰 도움이 된다. 그렇게 읽은 책의 내용을 한 문장으로 정리하다 보면, 퍼즐 조각을 맞추는 것처럼 빠진 조각을 발견하게 된다. 그때 스스로 그 빠진 조각을 맞춰 볼 수도 있다. 학자에게는 그것이 논문의 형태가 될 수 있고, 사업가에게는 사업 기획이 될 수도 있다.

이상이 책읽기 과정이다. 책읽기는 골목길부터 마을 전체를 이해하는 것과 같은 과정을 거친다. 앞서 살펴본 대로 책읽기의 과정을 거쳤다면 골목골목이 기억나고, 마을의 특징을 알 수 있을 것이다. 그래서 마을에 대해서 이야기할 수도 있을 것이다. 책을 읽고 책에 대해 이야기할 수 없다면 그것은 읽었다고 말하기 어렵다. 책읽기의 과정을 제대로 따랐다면 읽고, 이해하고, 기억하게 될 것이다.

문맥 읽기의 짜릿함
- 문장과 문장, 글과 글, 책과 책 사이를 읽는 기술

펴낸날 | 2018년 8월 10일

지은이 | 강병재

편집 | 정미영
디자인 | 랄랄라디자인

펴낸곳 | (주)서감도
출판신고 | 제2018-000119호
주 소 | (우 04000) 서울시 마포구 월드컵북로 45 SD타워 3층
전 화 | 070-8093-8688 팩 스 | 02-6935-1318
전자우편 | seogamdo@gmail.com
홈페이지 | www.seogamdo.com
카카오톡 플러스친구 | @서감도

강병재 ⓒ 2018
ISBN 979-11-964009-3-4(03700)

잘못된 책은 바꾸어 드립니다.
책값은 뒤표지에 있습니다.

한국사회적기업진흥원
Korea Social Enterprise Promotion Agency
사회적기업가 육성사업

* 저작권법에 따라 보호받는 저작물이므로 무단 복제 및 무단 전재를 금합니다.
* 이 책은 저자의 책,《읽기 과학》의 내용을 수정하고 보완하여 출간한 것입니다.